パズル理論

意思決定にみるジグソーパズル型と知恵の輪型

前川佳一【著】

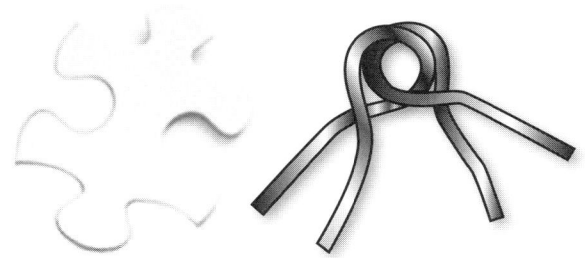

J-L Puzzle Theory
Determining Jigsaw Puzzle Type or Puzzle Links Type for Managerial Decision Making

Yoshikazu Maegawa

東京 白桃書房 神田

はじめに

　本書は，何らかの「課題」があって，それに取り組むか否かの「意思・決定」をする際の，ほんの少し目新しい基準を提案しようとしている。その「課題」とは，企業などにおける研究・開発をまず想定してはいるが，実は技術だけではなくて，たとえば営業の判断でも人事の判断でも成立するのではと欲張って考えている。あるいは日常生活でのちょっとしたチャレンジや困りごとでもよい。よって投資判断を含むあらゆる意思決定，いわゆる人・モノ・金だけでなく，自分の貴重な時間を費やすべきかなどを考慮するときの指針にもなるはずだ。その意味で本書は，研究・開発に従事している人，そのための資金を提供する側の人はもちろんのこと，何らかの「課題」に真剣に向き合い，意思決定をしようとするすべての人に役立ててもらえるのではないかと考えている。

　エンジニアでありながらMBAを取らせてもらい，その後経営学の博士号が欲しくなって，神戸大学大学院博士後期課程で加護野先生（当時）の門をたたいたのが，2004年，筆者45歳のとき。ゼミで師匠に示した研究計画は，詳細には記憶していないがおそらく肩に力がはいったもので，「エンジニアとして，事業を成功させるための条件を導き出す，経営戦略論や組織行動論やマーケティングを駆使して」などと，およそ荒唐無稽なものであっただろう。師匠からは「3年で学位とるどころか，30年かかっても無理やで。それより，最初の方にちらっと出てきたエンジニアとしてブレークスルーがいるとかいらんとかの直観やったかな，そっちのほうがおもろいんとちゃうか」とのお言葉。「え？　そんな細かな点が？」と思ったものの，加護野ゼミは

「おもろい」ことが何よりも尊ばれるので，この時点で博論のテーマとして決定したのであった。本書の成り立ちは少し変わっている——と筆者が思っているのは，筆者の経歴ゆえではなく，このテーマの決定の仕方にある。

その後2007年に博士論文として提出した時のタイトルは，「研究開発マネジメント：リスクと資源投入」という四角四面なものであった。「パズル理論」と名付けたのはつい最近のことである。本文中でも触れるが，学生たちとの議論の中で「資源さえ投入すればいつかは完成できるもの」がジグソーパズルに似ていて，「思いつきや偶然がなければいつできるともわからないもの」が知恵の輪のようだと気づかされたことがきっかけである。

おわかりのように，謝辞を述べるべき最大の恩人は加護野忠男先生（当時，神戸大学大学院教授，現在，甲南大学特別客員教授）である。次いで，ゼミや審査を通じて有益な助言を下さった金井壽宏，三品和広，原拓志の神戸大学の各先生。それから，加護野ゼミで議論につきあってくれたすべての先輩，同輩，後輩たち（ほぼ全員，筆者より相当年下である）。それから，ネーミングのインスピレーションを与えてくれた京都大学経営管理大学院の学生たち。

最後に，働きながら博士後期課程修了を目指して悪戦苦闘する筆者に，やきもきしつつも干渉しないことで多大な協力をしてくれた妻（益子），長女（日美喜），長男（緒登）。

みなさんありがとうございます。

2013年2月
　　　地元大阪から，学生時代を過ごし，そして今の職場である京都へ向かう
　　　　　　通いなれた京阪特急の車内にて

　　　　　　　　　　　　　　　　　　　　　　　　　　　　　著　　者

目　次

はじめに

1　問題意識の萌芽と成長 …………………………… 1

1／研究・開発をとらえる「ものの見方」………… 1
　1． 問題意識の萌芽 ………………………… 1
　2． 問題意識の共有 ………………………… 5
2／仮定義 ………………………………………… 7
3／適用例——筆者自身の職務経歴では ………… 8
4／マネジメント事例——確信へ ………………… 12

2　研究・開発の分類に関する先行例 …………… 15

1／公的機関による一般的分類 ………………… 15
2／ラディカル・イノベーションと
　　　インクリメンタル・イノベーション ……… 22
3／探索段階と開発段階 ………………………… 26
4／技術革新と市場革新 ………………………… 28
5／能力の破壊型不連続と増強型不連続 ……… 29
6／アーキテクチャ革新と要素技術革新 ……… 31
7／素材型とシステム型 ………………………… 32
8／フロンティア型開発とルーティン型開発 … 33
9／蓄積型モデル／即応型モデル ……………… 35
10／小　括 ……………………………………… 37
　—補説— 持続的技術と「撹乱」的技術 ……… 37

3 リスクに着目した実践的分類——J型/L型分類 …… 41

- 1 / 分類の基本概念——リスクに着目した実践的分類 …… 41
- 2 / 分類の典型的な実例 …… 44
- 3 / 分類の応用例 …… 45
- 4 / J型/L型２分類と「研究」・「開発」との関係 …… 47
- 5 / 拡張性 …… 51
- 6 / 議論の範囲 …… 52
- 7 / ターミノロジー——用語解説 …… 54

4 パズル理論（J型/L型分類）の数値的分析——事例：X工業のプロジェクト …… 61

- 1 / J型/L型分類の実例 …… 61
- 2 / J型/L型分類と数値的分析 …… 70
- 3 / 技術系と事務系の対比 …… 72
- 4 / 議論の整理と今後の展開 …… 78

5 パズル理論のジャッジメントの妥当性 …… 81

- 1 / 事務系の技術観と認識 …… 82
  - 1．事務系の技術観 …… 82
  - 2．事務系の認識①：化学と物理 …… 83
  - 3．事務系の認識②：状況による変化 …… 84
- 2 / 技術系の技術観と認識 …… 85
  - 1．技術系の技術観 …… 85
  - 2．技術系の認識①：機能と演繹 …… 86
  - 3．技術系の認識②：特許性 …… 87

- **3 / 組織内階層別リスク認識** ······················ *89*
  - **1．組織内階層における認識** ················ *89*
  - **2．技術者のメンタリティ** ···················· *90*
- **4 / J型/L型分類のジャッジメントの根底にあるもの** ······ *92*
- **5 / L型の判断基準** ······························ *93*
- **6 / 技術系と事務系のジャッジメントの根底にあるもの** ····· *97*
- **7 / ジャッジメントに関する探訪の総括** ·············· *100*

6 パズル理論のバイアス──3事例に学ぶ ············ *103*

- **1 / 事例──L型（ブレークスルー依存型）でありながら J型（リソース投入型）として扱われた事例** ······ *103*
- **2 / 事例──J型（リソース投入型）でありながらL型（ブレークスルー依存型）として扱われた事例** ········ *109*
- **3 / 事例──バイアス回避** ························ *113*
- **4 / 事例の小括** ·································· *117*
- **5 / ラディカル・イノベーションとインクリメンタル・イノベーションの限界** ························ *119*
  - **1．技術カテゴリー分けやマネジメントの問題** ····· *119*
  - **2．組織内での認識の問題** ···················· *121*
- **6 / 組織内でのリスク認識──認識の一致の程度とその産物** ····· *123*

7 パズル理論のマネジメントへの応用 ·············· *127*

- **1 / テーマ名の抽象化** ···························· *127*
- **2 / タイプ別主幹部署** ···························· *132*
- **3 / J型/L型の変換可能性・境界不明瞭性** ·············· *135*
- **4 / 研究開発プロセス** ···························· *138*

目 次 **V**

    　　1．順送り型と組織横断型 …………………………………… *138*
    　　2．リニア・モデルその他の先行研究 …………………… *142*
　5／J型/L型分類のマネジメントへの応用……………………………… *149*
    　　1．カテゴリー別即断の危うさ …………………………… *149*
    　　2．技術課題のタイプ別マネジメント …………………… *150*
    　　3．順送り型と組織横断型プロジェクト ………………… *151*
    　　4．L型（ブレークスルー依存型）の課題をJ型（リソース投
    　　　入型）に変換する方法 ………………………………… *151*
    　　5．全体としてJ型（リソース投入型）のプロジェクトで部
    　　　分的にL型（ブレークスルー依存型）の課題をマネージ
    　　　する方法 ………………………………………………… *152*
    　　6．現場でのマネジメント ………………………………… *152*
    　　7．組織階層での認識の一致 ……………………………… *153*

8　パズル理論のマクロ分析への応用 …………………… *155*

　1／投資の意味 ……………………………………………………………… *155*
　2／産業界別考察 …………………………………………………………… *157*

9　まとめと今後の課題 …………………………………………… *161*

　1／まとめ …………………………………………………………………… *161*
　2／今後の課題 ……………………………………………………………… *164*
　3／経営学研究への私見 …………………………………………………… *166*
    　　1．経営学研究の条件 ……………………………………… *166*
    　　2．経営学研究の方法論 …………………………………… *168*
    　　3．「研究開発」研究について …………………………… *168*
　結び ………………………………………………………………………… *172*

問題意識の萌芽と成長

1 / 研究・開発をとらえる「ものの見方」

1．問題意識の萌芽

　本研究は，数年前のあるベテランエンジニアの何気ないひと言に端を発する。

　「(X工業の) 研究開発本部や技術部の連中，民生規格大型機器の開発を業界一番で成し遂げたと言っているが，あんなもの，人さえかけてたら，いつかできるに決まってる。民生規格大型機器の技術規格は，主導的組織を中心として業界あげて作り上げて，言わばあてがわれてるようなもんだろう。あとはその規格を実現するように，手を動かしたら（作業すれば）いいだけではないか。いつ完成するかは，その作業に何人かけるかだけの問題だろう」。

　この言葉に対して，エンジニアならほぼ誰もが，あまりにも誇張された描写であるとばかり反発するだろう。当該の民生規格大型機器の開発に携わっていたエンジニアやそのマネジャーなら，なおさらである。たとえば「その規格を実現するためには単に『手を動かす』だけではなく，工夫が必要であった」，「これだけ規模の大きな開発は一筋縄ではいかず，苦心談には事欠かない」，「実際に，技術者たちの工夫が随所に盛り込まれている」などであろうか。企業の技術者たるもの，これくらいの気概を持って自らのプロジェクトに取り組んでいるべきであるとも言えよう。

　ところが，この言葉を聞いたときの筆者の第一感は，「なるほど，そうい

う見方もあるのか」というものであった。当時，企業のエンジニアの部隊を統率する立場にあるにもかかわらず，筆者が，まるで冷めたような，あるいは評論家的ともいえるような感想を第一線のエンジニアとはやや異なった技術に対するものの見方を持っているのだとしたら，少なくとも2つの理由があげられる。第1には，最前線のエンジニアであった期間が一般のエンジニアより短く，入社以来約10年間を技術者・設計者としてキャリアを積んだあとは，技術企画的職種に転向していたからである。すなわち，「手を動かす」側から，「手を動かす」技術者たちをサポートする業務にまわったのである。具体的には，新しい機器の規格を検討する，新しい商品の企画を考案する，そのために同業他社との連携役となる，ベンチャーなどから持ち込まれるアイデアをいったん受け止めて咀嚼しながら前線のエンジニアに提供する，などの業務を担当していた。そのため，技術そのものに対する拘泥や信奉に似た感情は，他のエンジニアに比べて希薄になっていったのかもしれない。

第2の理由は，筆者自身が当時からすでに経営学志向であったからであろう。これには，会社派遣でのMBA取得や，海外駐在員経験などが大きく影響している。米国内の駐在員としては，主に技術情報の出入りを扱ったものの，海外販売組織と職場環境などを共有した。こういった経歴から筆者自身が，技術あるいは技術者に対するバイアスからは自由な位置にいられたことも，良い悪いは別にして，筆者の思考の特徴となっていたのだろう。

ともあれ，あるベテランエンジニアの述懐が契機となって，筆者の中で育っていった感覚を，次の段落で列挙してみる。

「研究」といえば，通常はブレークスルーとは切っても切り離せないという固定観念がある。しかし実は，人・モノ・金をかけさえすれば達成できる技術課題というのがあるのではないか。あるとしたらそれは「開発」ではないだろうか。さすがに，研究開発本部が大量の技術者を投じたプロジェクトであるからこのプロジェクトは研究であるはずだ，などという短絡的な発想は持っていない。「研究」か「開発」かはともかく，その民生規格大型機器を業界トップで発売にこぎつけるためには，大胆な発想や工夫の積み重ねが

あったことは知っているだろうが，それを，かのベテランエンジニアは「人さえかけていたらいつかはできる」と断じて見せた。このようなある種の「ものの見方」は，エンジニア同士でも共有できるものなのか。あるいは同じ組織内でも，他の職種の人にはそれがどのように見えるのか。技術者同士で共有できる感覚があったとしても，それを非技術職の人たちに説明して理解が得られるものなのだろうか，といったものである。

　これらを本書のリサーチ・クエスチョンとして整理すると，以下のようになる。

- 人・モノ・金をかけさえすれば達成できる技術課題とは何か
- そうでない技術課題とは何か
- それは「技術観」と体系づけられるものなのか
- そういった技術の見方は，ひとつの組織の中でどのように共有されるのか
- ひとつの組織の中でも，個人のバックグラウンドによって左右されるのか
- それらから技術経営の命題として有用なインプリケーションを引き出すことができるのか

　このような問いについて論考していくのだが，目指す地点は次のように設定したい。「人・モノ・金をかけさえすれば達成できる技術課題」の定義が成立すると仮定して，まず第1に，これを物差しとして技術経営の判断を測ることができること。この場合は多分に事後的な説明を与えるものとなるだろう。そして次に，これを地図として用いて技術経営の指針として援用することができること。この場合は当然，タイミングとしては意思決定の前をねらうものであり，上の定義を「アルゴリズム」にまで昇華できているならば，これに勝るものはない。この2つの目標を別の言葉で表現するならば，第1に技術経営のジャッジメントを評価することができ，第2にマネジメント執行に供することができることとなる。これらが容易に到達できる目的地であるとは思わないが，本書が目指すべき高い理想として掲げておく。

さらにいうならば，上記のリサーチ・クエスチョンや目指す地点は，実は新規事業創造という実務家としての筆者の究極のゴールに達するための手段に過ぎないのかもしれない。むろん，新規事業創造が本書で語りつくせるはずがないことは承知しているが，見失うべきでないゴールとして銘記しておきたい。

　さて，本書の全体構成と流れを記しておく。
　まず第1章では，冒頭で述べた問題意識の萌芽に続くその成長のほか，仮定義，その適用例，さらにショート・ケースを記し，本書全体の方向性を示す章とする。
　第2章は研究・開発の分類に関する先行例のレビューである。実際のところ，研究・開発の分類だけを対象とした先行研究は多くない。むしろ，それぞれの著者の主張の前提や土台としての分類，あるいは本来の研究の途上で発見した概念として分類が示されている例がほとんどである。
　第3章では本書のコンセプト，リスクに着目した実践的な分類を定義する。この章で重要なのは，筆者の議論の範囲を規定し，用いるターミノロジーを本書のコンテクストのもとで定義していることである。これらにより，焦点が拡散するのを未然に防ぎ，議論の輪郭を明確にしている。
　第4章はX工業のプロジェクトの分析と本書の分類との関係の論考である。この章では技術系と事務系との分類判断が，どれほど一致するのか，または一致しないのかも対比している。第4章以降は，議論は分類のジャッジメントについて深く探る道と，分類のマネジメントへの応用を模索する道とに分岐する。
　第5章はジャッジメントの深耕である。まず，技術系社員と事務系社員との判断のそれぞれが考える根拠を拾い上げ，また組織内階層における認識の相違などについても言及する。さらに，第5章ではジャッジメントの根底にあるものに迫る。技術系と事務系の判断の根底にあるものに照射し，ジャッジメントに関する探訪を総括する。

ジャッジメントについて探る道とマネジメントへの応用を模索する道とを橋渡しするのが，事例記述を中心とする第6章である。その他にもこの章では，ラディカル・イノベーションとインクリメンタル・イノベーションの限界や組織内でのリスク認識の諸相についても論究する。

　第7章はマネジメントへの模索である。まず，技術テーマのカテゴリーと分類の相関やタイプ別主幹部署を考察する。さらに，従来からの議論，研究開発プロセスのリニア・モデルその他の先行研究についても再考する。次に，第7章ではマネジメントへの応用を提言する。ここでのトピックスは，カテゴリー別即断の危うさ，技術課題のタイプ別マネジメント，順送り型と組織横断型プロジェクト，技術課題の分類変換や複合課題のマネジメント，現場でのマネジメント，組織階層での認識などである。

　ここで趣を変え，これまでのいわばミクロ的分析から離れて，マクロ分析への応用を議論するのが第8章である。投資の意味や産業界別考察を展開する。

　第9章はまとめと今後の課題である。

　それでは，冒頭のシーンに場面を戻して，論考を開始しよう。

2．問題意識の共有

　この問題意識を他人にぶつけてみる機会が訪れたのは，全社プロジェクトのフリーディスカッションの中であった。このプロジェクトは全社からMBAホルダーを中心にメンバーを集め，戦略的組織改革を企図するというものであった。そのプロジェクトのメンバー十数人に対して，「技術開発と一口に言うけど，ブレークスルーがなければまったく発展しないものと，人・モノ・金さえかけたら何とかなるものがあると思うが」と問いかけてみた。これに素早く反応したのは，やはりと言うべきか，同じく技術のバックグラウンドを持った，筆者と同じ世代のひとりのメンバーであった。しかも彼自身，以前からそういった意識を強く持っていたことを想像させる，確信に満ちた調

子で次のような説明を始めたのである。

「そう，そのとおり。われわれが子供の頃の夢の技術というのを考えたらすぐにわかるよね。

　たとえば1960年前半のわれわれが小学生低学年の頃，壁掛けテレビと月旅行と，どちらが先に実現されるかと聞かれたら，みんな壁掛けテレビだと思っていた。現にブラウン管テレビは存在していたし，その重くて分厚いのを薄くするだけに見えたからね。一方の月旅行は，一般人にとってはとんでもない夢に思えて，いつ実現するのやら想像することすら難しかったと思う。ところが結果はどうであったかと言うと，それからほどなく人類は月に降り立ったのに，本当の意味での壁掛けテレビが完成したといえるのは，つい最近のフラットテレビ，つまりプラズマディスプレイや液晶ディスプレイが本格的に市場投入されるまで，かれこれ30年以上時間がかかったことになるね。

　この理由は，月旅行は当時のソ連との競争の中で，NASAを中心としたアメリカの国力を集結し成し遂げられたのであって，何か大きな技術的障壁があって，それを打ち破る必要があったということではなかったんでしょう，極論だけど。まあ，意思とチームワークこそが駆動力であった。でも壁掛けテレビはそういうわけにはいかなかったんだろうね。液晶やプラズマの原型になるアイデアや，あるいはまったく別の方式のものが，たぶん試されては壊されたりして，なかなか実用になるレベルに仕上がらなかった。やはり何らかのブレークスルーが必要だったんだろうと思うんだよ。

　それにしても，1970年にあった大阪の万国博覧会は象徴的だったね。まさかと思っていた「月の石」がアメリカ館で展示される一方で，他の日本企業のパビリオンでは「未来の夢の生活」のシーンの中に壁掛けテレビが登場していたから……」。

繰り返しとなるが，筆者にとってはベテランエンジニアにきっかけをもらうまでは，焦点の合った像を成していなかった技術観というべきものを，いや，おそらく当のベテランエンジニア自身の中でもいまだにはっきりと結像

していないであろうものの見方を，この同僚はかねてから，おそらく子供のときから明確に心に抱いてきたのであろう。この時点で，少なくとも技術者のうちの何割かは，明瞭度にこそ差はあれ，同じ概念を共有できる可能性があるのではないかと推定できるにいたった。その時が，ベテランエンジニアに蒔いてもらった種が発芽して育ちはじめた頃であるといえる。

2 仮定義

　ベテランエンジニアの指摘をもう少し煮詰め，定式化とまでは言わないまでも，語義を仮に定めよう。「人・モノ・金をかけさえすれば達成できる技術課題（あるいはそういったものの見方）」が存在するとして，それはリソースを統合することによって成し遂げられるものであると考え，仮にそれをはじめにの最後でも触れたような発想でジグソーパズル型もしくはリソース投入型（Resource Allocation）技術課題と呼ぼう。これに相対する概念は，単に「人・モノ・金」をかけても達成できない技術課題，言い換えると，何らかのブレークスルーが必要なもの，となるだろう。これも仮に，知恵の輪型もしくはブレークスルー依存型（Breakthrough Dependent）技術課題と名づけよう。さらに簡便な記述法として，本書ではそれぞれの頭文字の1字を利用して，前者をジグソーパズルのJ型，後者を知恵の輪（パズル・リンクス）のL型とも書くこととする。要するにジグソーパズル（J）型は投入リソースに依存するものであり，知恵の輪（L）型はブレークスルーに依存するともいえる。

　ここまでの議論を整理すると次のように書ける。

ジグソーパズル（J）型：**Resource Allocation** 型技術課題
　　　　　　　　＝リソース投入型
知恵の輪（L）型：**Breakthrough Dependent** 型技術課題
　　　　　　　　＝ブレークスルー依存型

また，もとの噛み砕いた表現との対応も整理して，

> ジグソーパズル(J)型：人・金・モノ・時間をかけさえすれば必ずアウトプットは出るもの
> 知恵の輪(L)型：アウトプットが出るかどうかわからない，リスクのあるもの

と記述し，以下では，それぞれをJ型，L型と記していく。

3 適用例——筆者自身の職務経歴では

上記の仮定義を，入社以来の自分の仕事に当てはめてみた。それを表1.1として時系列に示す。筆者は1982年の入社時に民生規格小型機器プロジェクトに配属されて以来，一貫してディビジョンR&D的な部署，すなわち研究開発本部（中央研究所）でもなく事業部の技術部でもない，中間的な階層の組織に属していた。

以下，それぞれについて簡単に説明する。

①は，民生規格小型機器という与えられた規格の中での主要パーツの開発・設計であり，要所で小さな工夫の余地はあるものの，基本的には時間さえかければアウトプット（設計図面）は出る。したがって，J型に分類した。なお，ここでは設計の巧拙は議論せず，あくまで成果が出るか否かだけを考慮している。

②は第二世代の民生規格小型機器設計に向けて，「世界一薄型の主要パーツ」を目標とした。したがってこれは，リソースを投入したからといって必ず達成できる目標ではなく，未達に終わるおそれもあったテーマである。よって，L型とした。

③新規格小型機器の規格考案は，所与の「地図」のないところで，独自規格考案を試みたものである。これも明らかにリソースを投入したからといって必ず達成できる目標ではないので，L型であった。

表1.1 筆者の職務経験の分類

① 民生規格小型機器の主要パーツの開発・設計		J
② 同じ主要パーツの薄型化の開発・設計		L
③ 新規格小型機器の規格考案		L
④ 新規格小型機器の主要パーツ設計		J
⑤ 新規格中型機器の性能改善		
⑤-a 理論的変換		J
⑤-b 消耗材の使いこなし		L
⑥ 融合型商品の企画		L
⑦ 米・民生規格大型機器規格委員会参加と情報伝達		J
⑧ 新コアビジネス創出		L
⑨ 社内外技術情報のハブ機能		J
⑩ 組織体制立案プロジェクト		
⑪ 他業種向け新事業企画		L
⑫ 他業種向け製品開発		J

　④新規格小型機器の主要パーツ設計は，③で一旦自らが考案した新規格小型機器の規格に従い，それを具現化する主要パーツの設計であったことから，これは時間をかければ達成できる課題である．よってJ型となる．

　⑤新規格中型機器の性能改善という技術課題は，2つの側面を持っていた．ひとつは，入力に応じてどのくらいの熱エネルギーを媒体である消費材に加えてやればよいのかを解明するものであったので，これは実験すれば結果が得られるものであった．そのため，入力と熱エネルギーとの理論的変換値の策定（⑤-a）はJ型であった．一方，消費材の使いこなし（⑤-b）という命題は，目標すら存在せず，まずそれを自ら設定するところから始めなければならなかった．これを具体的に説明するならば，次のとおりである．⑤-aで設定したような理論どおりの変換を施したからといって，たとえば人の官能試験で，あらゆる条件で良好な結果が得られるとは限らない．したがって，入力と熱エネルギーの理論変換値を原則として，それにいかに味付けを施して，人の感性に訴えかける出力を得るか，といった類いの命題である．目標を設定したとして，あらゆる条件がすべて高度にバランスする解があるのかどうかは，さっぱり予測不能である．したがって，消費材の使いこなしはL型の典型であった．

　⑥融合型商品の企画も，L型とした．すぐにわかるように，これこそリソー

スをかけたからといって良い商品企画ができるとは限らず，思いつきそのものが命，ともいえる課題である。これはL型の典型といってよい。

　ところで，企画は「技術課題ではなかろう」という批判や疑問があるだろうし，それは当然のことである。その意味においては，実は上の③も同じ側面を持っている。③では「規格考案」という文言が用いられていたから，これに偽装されて技術課題のひとつとして看過されたかもしれない。確かに一般論として，規格考案は技術的に深いレベルでの理解なしには成し得ないのに対し，商品企画にはそれほどの技術的知見は要しない。その意味では，技術的営みという観点において，規格考案と商品企画との間に一線を画すことはできる。しかし，もっと狭義の「技術力」が必要かという点，言い換えると，担当者レベルの専門的知識が動員されるか否かという点で言えば，規格考案も商品企画も，同じくノーである。規格考案も商品企画も，その技術の当事者でなくとも可能である。本来この時点で，このJ型/L型分類が技術だけでなく，他のあらゆる営みにも敷衍できるかどうかを議論すべきであろう。しかしこれは後に詳しく議論するとして，ここでは，規格考案も商品企画もともに，ある技術者が実際に担当した職務であり，それに対してJ型/L型分類を適用してみた，という位置づけで理解されたい。

　⑦米・民生規格大型機器規格委員会参加と情報伝達は，この課題名が自ら物語るように，目標達成に関する限り，大きなリスクのある仕事ではない。J型の典型といってよいだろう。

　⑧新コアビジネス創出も，上で述べた⑥融合型商品の企画とほぼ同じ意味において，明快にL型である。

　⑨社内外技術情報のハブ機能は，意味の上では上述の⑦と同じJ型となる。

　⑩組織体制立案プロジェクトは少し説明を要するが，これは一旦技術系の部署から離れ本社プロジェクトの一員となり，全社レベルでの組織のあり方を検討した業務であった。これこそ⑥融合型商品の企画以上に，明らかに技術課題ではないが，あえて，J型/L型を考察するならば，J型である。なぜなら，全社の全ビジネスユニットの，リーダー，人員数，成員のスキル，組

織としての各機能，商品，売り上げ，利益，などの諸元を洗い出す作業をプロジェクトメンバーで分業，議論して再統合し，シミュレーションするといった手順により全社の最適組織形態を探るものであったから，アウトプットが出るかどうかわからないリスクのあるL型ではなく，人・金・モノ・時間をかけさえすれば必ずアウトプットは出るものであったからである。

⑪他業種向け新事業企画は，やはり「企画」に共通する性質としてL型である。どんな企画であっても，新しい事業として成立するかどうかはすぐには結果が出ない。どのような企画にもリスクは付き物であり，投入リソースが企画の成否を保証するものではない。

一方，⑫他業種向け製品開発は，前述の①民生規格小型機器の主要パーツの開発・設計や④新規格小型機器の主要パーツ設計と，若干様相は異なるものの，突き詰めれば同じ位相にある。開発中の他業種向け関連製品は多数あるが，すべてスペックははっきりしており，アウトプットが出せないというリスクはない。ただ，製品開発の修飾語として「タイムリーに」とか「売れる」，「利益が出る」などを考慮すると，それはまったく違った議論となる。これも後に詳しく定義することになるが，ここで問題にしているのは，あくまで目の前の課題そのものを解決できるかどうかのリスクだけであって，それに付随する条件は考慮しないこととしているのである。

以上，筆者自身の業務をJ型/L型の観点から分類してみたが，筆者の場合はたまたま両方のタイプのバランスがとれていたことがわかった。容易に想像できるように，企業の技術者の中には，J型に偏った，あるいはJ型一辺倒の者も多数存在するし，その逆もまた然りである。むしろ，筆者のように両者の間を行き来したエンジニアは少数派といえるかもしれない。

この点をもう少し深く考えてみよう。たとえば研究所だからといって，そこに属する技術者が全員L型の課題に従事しているわけではなさそうであることが，上のたったひとりの経歴の分析を通してでも想像できよう。逆に，事業部だからエンジニアは，皆がJ型の仕事ばかりしているというわけではない。とすると，J型/L型という分類を技術者単位で見た場合，単に世間一

般で言う研究・開発という分類とは異なりそうである。

　J型とL型との間を行き来する経歴に話しを戻すと，どれだけの数のエンジニアが，彼または彼女のキャリア全体の中で，どのくらいの頻度でこういったことを経験するのか，これは本書の範囲を越えた問題であるので，ここでは扱わない。先行研究の中には技術者の部署移動に焦点をあてたものも少なからずある（Sakakibara & Westney, 1985；Kusunoki & Numagami, 1997；Kusunoki & Numagami, 1998；石田, 2002）。もちろん，それら先行研究では，研究所と事業所間の移動という視点はあっても，当然のことながらJ型/L型間異動という視点はない。いずれにせよ，技術者の経歴の変遷の事例を蓄積して，J型/L型の観点から分析することができるのなら，それは今後の課題として興味深いトピックであることは間違いない。

4／マネジメント事例——確信へ

　筆者をして，この分類についてより深く考えさせることとなった事例をひとつ紹介しておこう。X工業のQ氏は国内営業畑出身でありながら，ほぼゼロから端末機器事業を立ち上げ，数年間で数千億円を売り上げる事業へと育て上げた。この事業への参入メーカーとしては，X工業は最後発であったとも言われている。他のほとんどの端末機器メーカー同様，X工業は技術的には事前に存在した端末機器の規格を具現化したに過ぎない。換言するならば，後発メーカーとして出発し，有数の端末機器サプライヤーへ到達する道のりを克服したのは，経営者として人・モノ・金をどれだけ大胆に投入できたかであって，技術的ブレークスルーがあったからではない。もちろん，細部でいろいろな工夫があったであろうことは想像に難くない。しかし技術的な包括的ストーリー全体としては，すでに存在する端末機器の規格を具現化したに過ぎないのである。Q氏の経営者としての才能，それについていった部下たちの忠臣ぶりは，技術開発とは別の物語である。

　端末機器事業が軌道に乗った頃，Q氏は新しい出力デバイスの開発と，そ

れの端末機器機への搭載とを顧客企業に約束する。その，旧式の出力デバイスよりも好ましい出力を持つ新出力デバイスはすでに基本開発は終えており，寿命の確保という実用上の課題を残すのみであった。Q氏はその課題を解決するためには十分すぎると思えるほどの技術者を投入した。Q氏にとってみれば，ゼロから端末機器事業を立ち上げたことにくらべれば失敗するはずがないように見えたこの課題の解決に，技術陣は失敗した。寿命の確保はリソースの投入だけでなしうるのではなく，何らかの発見や偶然，すなわちブレークスルーが不可欠であったので，ブレークスルーを必要とした「研究」段階であったことは明らかであろう。基本開発は終えていたとしても，寿命の確保という，実用上きわめて大きな課題を残していた。

　ブレークスルーがいつ起こるのか，これを予言することは不可能に近い。このことをQ氏が認識していたなら，顧客への納入を安易に「確約」などしなかったであろう。リスクがあることを顧客に説明して理解を求めた上で，たとえば，顧客にコンティンジェンシー・プランを作成しておくことを薦めたか，あるいは自ら何らかの手段を講じたであろう。事業全体の，マネジメントの仕方が違っていたものであっただろうし，X工業とQ氏の信頼感を失墜させることは避けられたに違いないのである。

　この章で述べるべき筆者自身の問題意識の萌芽と成長は，以上である。次章の「研究・開発の分類に関する先行例」以降，いよいよこの命題を深く掘り下げていくこととしよう。

研究・開発の分類に関する先行例

　本書のコンセプトの本格的な定義は次の第3章で行うとして，本章では，技術課題分類の先行例をレビューすることとする。なお，ここで先行研究とはせずにあえて先行例としたのには，いくつかの理由がある。まず第1に，分類としては，先行研究と呼べるほどの理論や検証が伴っている必要がなかったものもあること，第2に，研究の主要な目的が必ずしも分類そのものではないものもあること，そして第3には，私企業がインターネット上で公表しているきわめて実践的な区分などもここでのレビュー対象に含めているからである。

　ではまず，公的機関による定義から見ていこう。

1 / 公的機関による一般的分類

　日本語でも英語でも，「研究開発」やR&D（research & development）と言い表すことが多い。それらの定義はどのようになされているのだろう。また，研究（research）と開発（development）との区別はどう考えられているのだろう。まずはもっとも無難で，多くの人の支持（それが積極的なものか消極的なものかは別にして）を得ていると考えられる，公的機関による定義を見ておこう。

　総務省のホームページ[1]に掲載されている，科学技術研究調査報告（科学

1　http://www.stat.go.jp/data/kagaku/c2_qa-1.htm

技術白書）にもとづく「研究」の性格区分は，OECD（Organisation for Economic Co-operation and Development）のフラスカティ・マニュアル[2]（Brockhoff, 1989）をベースにしたものであろう。表2.1に示すように，両者とも「研究開発」を3つのフェーズに分類しており，また各フェーズの定義の文言そのものに本質的な差異はないように見える。

　ただし，表面上，些細であるようにも見えて，意味の上では重大な相違が一点ある。それは最下段，すなわちもっとも実用寄りのフェーズに対するネーミングである。OECDのフラスカティ・マニュアルでは，もっとも実用寄りのフェーズに対しては「研究」というフレーズを用いず，「開発」に留めている。一方，OECDのフラスカティ・マニュアルに範を取ったと思しき科学技術研究調査報告では，「研究」を分類することに拘泥したせいか，3つの分類すべてに「研究」の文字を充て，すなわちもっとも実践よりの活動には「開発研究」なる日本語を充てている。このことは良きにつけ悪しきにつけ，日本の省庁の見識を象徴していよう。すなわち，企業の最前線の現場で「新しい材料，装置，製品，システム，工程等の導入又は既存のこれらのものの改良をねらいとする」（表2.1総務省「開発研究」）営みは，一般常識に照らせば「研究」の範疇に入れるには抵抗がある。それでもこの3つの分類すべてを「研究」で括ったのには，経営の実践に供するというよりも，当然のことながら省庁での調査や課税分類など，他の目的における操作上の便宜があるのだろう。

　結論を先に述べると，本書での研究・開発の語義は，技術経営を実践的に論じることを大前提として，次のように定めたい。

---

[2]　「フラスカティ・マニュアル：R&D統計の適切な国際比較のためのマニュアル。このマニュアルの第1版の原案は1963年にイタリアのフラスカティで開催された会議において，OECD加盟諸国の専門家による討議・修正を経て策定。現在マニュアルの改訂作業が行われている」（下記の文部科学省ホームページ http://www.mext.go.jp/b_menu/hakusho/html/hpaa200201/hpaa200201_2_035.html より引用）。

表2.1　公的機関による研究開発の分類

総務省[1]	OECD (Frascati Manual)[2]	OECD (Frascati Manual)の邦訳[3]
基礎研究	Basic Research	基礎研究
特別な応用、用途を直接に考慮することなく、仮説や理論を形成するため若しくは現象や観察可能な事実に関して新しい知識を得るために行われる理論的又は実験的研究をいう。	Basic Research is experimental or theoretical work undertaken primarily to acquire new knowledge of the underlying foundations of phenomena and observable facts, without any particular application or use in view.	もっぱら新しい科学的知識を獲得するために振り向けられているもの。ただし、実践的応用可能性の目的に振り向けられているものを除く。
応用研究	Applied Research	応用研究
基礎研究によって発見された知識を利用して、特定の目標を定めて実用化の可能性を確かめる研究や、既に実用化されている方法に関して、新たな応用方法を探索する研究をいう。	Applied Research is also original investigation undertaken in order to acquire new knowledge. It is, however, directed primarily towards a specific practical aim or objective.	もっぱら新しい科学的あるいは技術的知識を獲得するために振り向けられているもの。ある特定の実践的な目標設定あるいは応用に主に向けられているもの。
開発研究	Experimental Development	開発
基礎研究、応用研究及び実際の経験から得た知識の利用であり、新しい材料、装置、製品、システム、工程等の導入又は既存のこれらのものの改良をねらいとする研究をいう。	Experimental Development is systematic work, drawing on knowledge gained from research and practical experience, that is directed to producing new materials, products and devices ; to installing new processes, systems and services ; or to improving substantially those already produced or installed.	新規のあるいは本質的に改良された原料素材、装置、製品、製法、システム、サービスを実現するための科学的知識の利用(実験的な開発)。

出所：1）総務省のホームページ（http://www.stat.go.jp/data/kagaku/a3_24you.htm）より
　　　2）OECD（2002）"The Measurement of Scientific and Technological Activities : Proposed Standard Practice for Surveys on Research and Experimental Development : Frascati Manual 2002,"より
　　　3）Brockhoff（1989）邦訳p.23より

- 定義の内容としては、表2.1の総務省のものを採用する
- ただし、「開発研究」の定義をもって、「開発」の定義とする
- さらに、「基礎研究」と「応用研究」とを総称して「研究」と呼ぶ

以下、このように規定したロジックを述べる。
　一旦、研究・開発の定義の出発点として、世間一般の直感にもっとも近いと思われるOECDの定義に注目しよう。フラスカティ・マニュアルの定義

（表2.1）をあらためて解釈すると，「基礎研究」と「応用研究」は「実践的応用可能性の目的」を持たないか（基礎研究），持つか（応用研究）で区分されるが，ともに「新しい科学的（技術的）知識を獲得する」ことを目的とすることでは共通している。したがって，フラスカティ・マニュアルの「基礎研究」と「応用研究」とを包括する概念としての「新しい科学的（技術的）知識を獲得することを目的とする活動」を，「研究」のOECD的定義としておこう[3]。

他方「開発」は，表2.1の右下の欄にあるように「新規のあるいは本質的に改良された原料素材，装置，製品，製法，システム，サービスを実現するため……」と，具体的である。したがってOECDによる「研究」と「開発」とを分かつ最大のポイントは，目標が「知識獲得」か「事業実現」かであると総括できる。この境界線は，政府関連や大学などの非営利団体の研究・開発機関に対するものとしては，きわめて妥当で納得性の高いものといってよいだろう。経営学の文脈でも同様に，これをもって研究・開発を峻別できるのなら明解でよいのだが，残念ながら実際はそうではない。その理由を順次述べていこう。

第1に，企業活動に焦点を絞ると「実践的応用可能性の目的」を持たない「（基礎）研究」は，バブル全盛期の資金が潤沢にあった時代ならいざ知らず，通常はほとんど企図されないと考えてよいだろう。Rosenbloom & Spencer (1996) では，その邦題『中央研究所の時代の終焉』が端的に示すように，私企業においてかつては「基礎研究」が莫大な利益の源泉であると認識された時代から，産官学の分業が志向されるようになった経緯を詳述している。この著述は米国での事情が中心であるが，日本の場合も大差なく，というよりも数年遅れで米国を追随していたという意味において本質的には同じ流れの上にある。したがってOECD的定義の「研究」の上流にあたる「基礎研

---

[3] やや逆説的な言い方をすれば，科学技術研究調査報告の定義を広義の研究であるとして，OECDあるいは本書での定義は，それから「知識の利用（＝開発）」を除いて考えるので，狭義の研究と位置づけることもできる。

究」は，それ自体，現状では私企業にはほとんど存在しない。

　第2の理由は，OECD的定義の「研究」と「開発」との境界線の経営学的な非現実性である。先のRosenbloom & Spencer（1996）の議論を継承して，さらに日本の特異点をあげるとするならば，バブル期の「基礎研究所」の設立ブームと，バブル崩壊後のドラスティックな方向転換があげられようか。ともあれ，現在の私企業においては基礎的な研究を行うことの経済的な意義が認められにくくなっているばかりでなく，「応用研究」であったとしても，もしもそれが「事業実現」を目的としないなら排斥される傾向にすらある。その結果，企業の「研究所」で行われているのは，表2.1のOECDの区分でいうと，最下段の「開発：新規のあるいは本質的に改良された原料素材，装置，製品，製法，システム，サービスを実現するための科学的知識の利用（実験的な開発）」であり，あるいは総務省の区分でいうところの中段の「応用研究：基礎研究によって発見された知識を利用して，特定の目標を定めて実用化の可能性を確かめる研究や，既に実用化されている方法に関して，新たな応用方法を探索する研究」であることが多い。

　X工業研究開発本部での研究テーマ例をいくつかあげてみよう。民生規格大型機器システムとその中核部品，次世代データ記憶システムとその中核部品，高性能検知素子，高性能エネルギー装置，エネルギー部材，新エネルギーシステム，新出力デバイス，環境対応大型部品があげられる。これらは，OECDの定義でいう「基礎研究」と「応用研究」のどちらでもない。なぜならOECDの定義では「研究」は「新しい科学的（技術的）知識を獲得する」ことを目的としているから，上のような「事業実現」を目指したものはOECDの定義では「開発」にカテゴライズされるからである。逆説的にそれらを実際の研究テーマから遡って定義を試みるならば，「研究所」で担当されうる可能性があるのは，「製品化や量産化にいたる前の，あらゆる技術的検討」となるだろう。ことの善悪や語義の感覚の問題ではなく，これが現代の一企業における実体である。

　では総務省の科学技術研究調査報告の分類の実用性はどうだろうか。「基

礎研究」,「応用研究」,「開発研究」の3つに分類することはともかく,「開発研究」なる日本語に違和感を禁じえないし,文字通り「研究・開発」を定義するのには相応しくない。本書は省庁での調査や課税分類など他の目的における操作上の便宜とは無縁であるから,「開発研究」から研究の文字を取ればたちまちすっきりする。この明快さは定義の内容も同様である。「基礎研究」は「新しい知識を得るために行われる理論的又は実験的研究」であり,異論をさしはさむ余地もない。「応用研究」は「実用化の可能性を確かめる研究や……新たな応用方法を探索する研究」であるから,OECDのように「知識の獲得」に拘泥するものでもなく,上の段落で例示したような日本の研究所の実態も包含しうる。「開発研究」はネーミングが問題とはいうものの,定義のほうは「基礎研究,応用研究及び実際の経験から得た知識の利用」であるから,営利企業にとっても馴染みのよいものである。

　OECDと総務省の定義に関する議論を総括すると,前者のそれは政府の外郭団体や大学などの非営利企業として適している。しかし,本書のように日本の営利企業について論究することが目的であるならば,総務省の定義を採用して,「開発研究」という名称だけを「開発」と読み替える方が実践的である。

　上で述べた総括の後半,すなわち技術経営の文脈での研究・開発の境界を,表2.2で整理しよう。さらに図2.1にはこれをモデル化したが,ここで長方形

表2.2　本書における研究と開発の定義

研　　究		開　　発
基礎研究	応用研究	
特別な応用,用途を直接に考慮することなく,仮説や理論を形成するため若しくは現象や観察可能な事実に関して新しい知識を得るために行われる理論的又は実験的研究をいう。	基礎研究によって発見された知識を利用して,特定の目標を定めて実用化の可能性を確かめる研究や,既に実用化されている方法に関して,新たな応用方法を探索する研究をいう。	基礎研究,応用研究及び実際の経験から得た知識の利用であり,新しい材料,装置,製品,システム,工程等の導入又は既存のこれらのものの改良をねらいとする研究をいう。

注：昨今の私企業では,基礎研究はほとんど行われない
出所：表2.1の総務省を一部改変

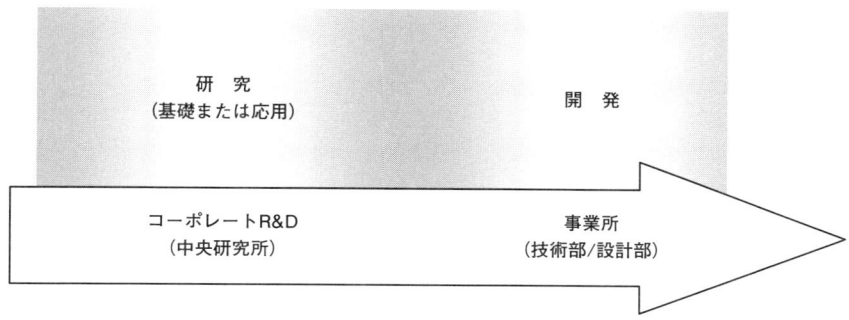

図2.1 研究・開発の一般的モデル

の中に示したのが分類の名称であり，矢印の中に示したのが，企業を想定したときの，それぞれのアクティビティを担う部署の例である。

さて，この図2.1のような分類は，世間一般には直感的に受容されやすいものとなっている。しかしこれは，分類や区分以上の，経営の実務上のインプリケーションをほとんど引き出さない。さらに重要なことは，後の章で述べる先行研究の「イノベーションの分類」の多くも，本質的にこの図2.1と軌を一にするものであり，このモデルの地平を逸脱するものではない。

これに対し，次章で提案する分類は，図2.1とは根本的に発想を異にする。このことはすなわち，どの先行研究の「イノベーションの分類」とも異なり，あらたな概念操作を提案するものであることを意味する。

次節以降で先行例を概観するに際して，その視点を明らかにしておこう。序章で述べたリサーチ・クエスチョンや目指す到達点から逆算して，分類が備えるべき要件を設定する。

1．研究・開発という分類ではとらえきれない何かを提供するか
   （研究・開発という分類と言葉を変えただけなら意味がない）
2．新規事業創造を視野に入れられるのか，または議論を商品開発だけに矮小化していないか
3．イノベーションの事後説明だけでなく技術課題への事前の対処を可能

にするか，すなわち当事者の事前の判断が鍵となるか

第3のポイントをもう少し詳しく説明すると，ある特定の技術課題に対して，外部者が入手できる情報で誰もが常識的に同じ分類ができるのならば，技術を包括的に捉えてマクロ的な議論を展開することはできたとしても，分類することでその技術テーマのマネジメントに資することはほぼない。別の表現をすると，分類することで引き出される施策案はきわめて常識的なものに留まると考えられる。こうした図式は，次節からの具体例のレビューで明らかにされていくだろう。それに対して，これまでに提唱されていない基準で，当事者の判断を重んじる分類であるならば，その技術課題特有のマネジメント施策を発見することが可能となり，意義深いものとなる可能性があるのである。

　さて，上で示した分類の要件の1．から3．の順序には意味があり，本来，1．の要件を満たさない分類は，その時点で議論の価値がないと断じてよいだろう。

2 ラディカル・イノベーションとインクリメンタル・イノベーション

　その派生分類を含め，ラディカル・イノベーションとインクリメンタル・イノベーションという議論を展開する論者は数多い。辞書的定義として考えられるのは，「インクリメンタル・イノベーションは産業に劇的な変化をもたらさないが累積的に変化を与え，ラディカル・イノベーションは急激な変化をもたらす」といったところであろうか。

　現状で，ラディカル・イノベーションとインクリメンタル・イノベーションとをもっとも丹念に対比していると考えられるLeifer et al.（2000）の定義を表2.3に抜粋してみた。この表を見る限り，ラディカル・イノベーションとインクリメンタル・イノベーションという分類は，前節で論述した総務省による研究と開発の分類と，意味の上でほとんど変わらないように見える。表2.3の「インクリメンタル・イノベーション」を前節で定義した「開発」

表2.3　Leiferらによるインクリメンタル・イノベーションとラディカル・イノベーション

	インクリメンタル・イノベーション	ラディカル・イノベーション
プロジェクト期間	・短期（6カ月〜2年）	・長期（通常は10年以上）
方向性	・コンセプト段階から商業化にいたるまで、決められたステップにしたがって、直線的、継続的な経路が敷かれている	・散発的、単発的、無定形的 ・休止と再開
創案と機会認識	・創案と機会認識は最前線で起きる ・重要なイベントはたいてい予測可能	・創案と機会認識は散発的であるが、これはプロジェクトの方向性のリソース断続性を反映したもの
プロセス	・定型的	・不確実性のため、定型的プロセスが進化を発揮するのは、より後段の開発段階になってからである
ビジネス事例	・比較的、不確実性が低い ・完全で詳細な計画	・ビジネスモデルは、技術・マーケットの発見事実の学習を通じて構築される ・同様に、ビジネス計画も不確実性が減るにつれて構築されていかねばならない
担当者	・担当者はクロスファンクショナルチームに配属される ・自分が成すべきことは、明確に規定されている	・プロジェクト初期、キーパーソンは出入りする ・多くは、プロジェクト周辺に広がる非公式ネットワークのメンバーである ・キーパーソンは「ひとりクロスファンクショナル」である
組織構成	・クロスファンクショナルチーム	・プロジェクトは研究開発組織で始まり、育成機関を経て、目標達成のためのプロジェクトへ行き着く
リソースと機能	・プロジェクトはプロセスを完遂するために必要なすべての機能を有している ・プロジェクトは標準的リソース配分	・創造性と、あらゆる内部・外部の供給源からリソースと機能を獲得するスキルとが、プロジェクトの継続と成功のためには極めて重要である
現業部門の関与	・現業部門は当初から関与	・現業部門の非公式な関与は重要であるが、あまりに早期に現業部門から制約を受けすぎることは避けなければならない

出所：Leifer et al.（2000）より、筆者が作成

に，同様に「ラディカル・イノベーション」を「研究」に書き換えたとしても，なんら矛盾を生じないであろう。上の辞書的定義もまた然りである。そうであるならば，本書で提案しているブレークスルー依存型/リソース投入型という分類と，ラディカル・イノベーション/インクリメンタル・イノベーションの対比を，これ以降，本書全体を貫くバックボーンとして議論していくこととしよう。

このような，基本的に研究・開発分類と本質的に同じであるか，または細分化などの小変更を施しただけの分類例は枚挙にいとまがない。一例として，Allen et al. (1979) の分類を見てみよう。Allenらは分類基準を，①フィードバックが得られるまでの時間間隔，②求めるのが特殊解か一般解か，③新しい知識としての積み重ねであるのか既存知識の利用であるのか，としたうえで，次の4つのレベルに定義づけられると言う。①基礎研究，②一般研究，③開発，④テクニカル・サービス。詳細は省くが，「研究」・「開発」を細分化したものであることは，それらの名称が自ら物語っていよう。

同様の他の例としては，Wheelwright & Clark (1992a, 1992b) のものがある。青島 (1997) はWheelwright & Clark (1992a) からの引用で「研究先行開発プロジェクト」～「ブレークスルー・ラディカルプロジェクト」～「プラットフォーム開発次世代プロジェクト」～「派生品開発プロジェクト」と訳出し，圓川・安達 (1997) は*Harvard Business Review*に掲載された論文Wheelwright & Clark (1992b) より「研究開発」～「ブレークスルー開発」～「プラットフォーム開発」～「デリバティブ開発」と訳出している。

原著 (Wheelwright & Clark, 1992a, p.93) からの図を次に転載するが，この図2.2が顕著に示すように，左上の研究開発を別格として扱っている。Wheelwright & Clark (1992b) では，「R&Dは，商品開発 (commercial development) の枠（右の大きな箱全体）の外側にあるが，あえてこの図に含めることとした」(p.74) との表現がある。彼らが意図したもののひとつはAdvanced Development（左上の箱に研究とともに含まれる）と commercial development（右下の大きな箱全体）とを明確に区別することであったと考え

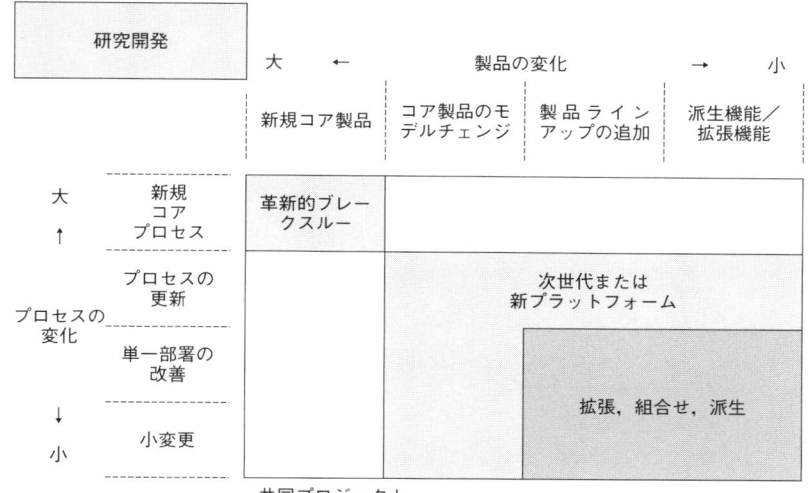

出所：Wheelwright & Clark（1992a）p.93より転載
図2.2　プロジェクト定義の例

られる。このことから，もしも筆者が本書の「研究・開発」の定義に沿って訳出するとしたら，左上の箱を「研究」として，残りのものはすべて「開発」またはプロジェクトで統一したであろう。たとえば，「研究」～「ラディカル・ブレークスルー開発」～「次世代・プラットフォーム開発」～「拡張・複合・派生開発」のように。

筆者がこのように「研究」や「開発」という言葉の用法に慎重になる理由は，本書で議論する技術課題のジグソーパズル型（リリース投入型）/知恵の輪型（ブレークスルー依存型）分類と「研究・開発」は交錯することによって新たな事象を見せるからであるが，これについては次章で詳しく述べる。

さて，図2.2の解釈に話を戻すと，これが2次元的に描かれていても，各フェーズは実質的には左上から右下へと貫かれる線分上にあることは明らかである。

まとめると，Wheelwright & Clark（1992a, 1992b）は，小論の定義でいう

ところの「研究」・「開発」を「開発」方向もしくは「商品設計」の方向へ拡張し、その中を3段階に分類したものであると解釈できる。

3 ╱ 探索段階と開発段階

　医薬品業界の通説として、「医薬品の研究開発プロセスは、新薬のもととなる化合物を創製・発見する「探索段階」と、その化合物の有用性を確認して製品へと仕上げていく「開発段階」の2つの段階に分けられる」という（桑嶋、1999, p.89）。それぞれの段階の特徴をおなじく桑嶋（1999）から引用する。

探索段階
- この段階では、医薬品に必要とされる薬効・安全性・代謝などの各要件のうち、主に薬効に焦点をあて、幅広い探索が行われる。……探索段階で合成された化合物の中で次の前臨床試験段階（筆者注：開発段階のうちの、前半部分を指し示す）に進む確率は1/1000程度である。
- 探索段階では、研究活動は大部分が個人研究レベルで行われている。
- 探索段階でのマネジメントについて、「進捗管理以外はほとんどマネジメントできない」というが、これは探索段階の研究活動が個人レベルであること、また、そこでの成功に偶然や運が大きな影響を与えていることによると考えられる。

開発段階
- 開発段階では、研究開発活動は組織的に行われるようになる。
- この段階の成功確率は、探索段階の1/1000程度とは異なり、1/2〜1/3である。

　このように見てくると、探索段階は、リスクが大きい（成功確率1/1000

程度)ことと,個人のパフォーマンスに負うところ大と言う意味で,本書の分類のひとつである「ブレークスルー依存型＝完成するかどうかわからないリスクのあるもの」に相当程度,符合する。また開発段階は,組織的に行われ,ローリスク(成功確率1/2〜1/3)であるという点で,やはり本書の定義「リソース集中型＝人・金・モノ・時間をかけさえすれば,必ずアウトプットは出るもの」とかなり近い。では一体,何が違うのだろうか。それは,探索段階と開発段階という分類が,研究〜開発という流れを1次元でとらえる思考の中で唱えられたものである,という点に尽きる。

　一方,明記されてはいないが,「医薬品業界の探索段階は,研究の範疇の中でも特にリスクが高いものである」,「開発は,一般に言われるとおり,組織で行い,相対的なリスクは低い」といった考え方が根底にあるに違いない。ここでの探索段階と開発段階という概念の図式化を試みると,図2.3のようになるだろう。

　繰り返すが,探索段階と開発段階という概念の中は,従来から言われる研究・開発の区分に対し,別の次元なり軸を導入するものではなく,それぞれ相当する部分を拡大,あるいは誇張したに過ぎないのである。このことは以降で述べる他の先行研究にもすべて当てはまる。言い換えると,本書の特徴のひとつは,従来の研究・開発という軸とはほぼ独立な軸を導入して,その地平を拡大することにあり,その点については後の章で議論する。

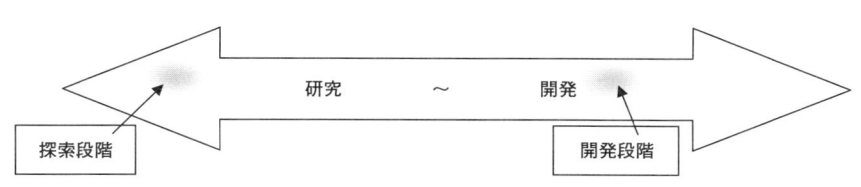

図2.3　探索段階と開発段階の概念

4 技術革新と市場革新

Abernathy & Clark(1985)は，技術・製品の軸に市場・顧客の軸を加え，2次元の枠組みを提示している（図2.4）。

この分類は形式上，本書で提案する分類の応用例とよく似ているように見えて，実は決定的な相違がいくつかある。まず第1は，「市場・顧客」という概念を導入したことで，「研究」，「開発」という地平を狭め，その結果，横軸はほとんど「開発」の範疇の中での新規性の程度を表していると考えられることである。よって，この分類は新モデル開発などの議論には用いることができたとしても，新規事業創造を論じるには不向きであることになる。

第2の違いを議論するために，まずは延岡（2002a）が指摘するこの分類の重要な点をみておこう。「企業が新製品を開発する場合に，戦略としてどのタイプを狙うのかを明確にし，そのタイプに適した製品開発マネジメントを採用しなければならない」（例えばプロジェクト・リーダーに求められる資質の違い），「個々の新製品の戦略を個別に考えるのではなく，企業が実施する製品開発の組み合わせとして捉える必要がある」（ポートフォリオ・マネジメント）（延岡，2002a，pp.38-39）の2つがあり，これは両者とも正論

	継続的	抜本的
抜本的（市場・顧客軸）	ニッチ創造的	構造的
継続的	標準的	革新的

技術・商品軸

出所：Abernathy & Clark (1985) より，筆者が作成

図2.4　Abernathy & Clarkによる技術・商品の革新と市場・顧客の革新

表2.4 医薬品のイノベーションの分類

パラダイム的イノベーション	：技術的不連続，市場的不連続
適用領域イノベーション	：技術的連続，市場的不連続
修飾的イノベーション	：技術的連続，市場的連続

出所：原（2003, 2004）などより

であろう。しかし，筆者の主張と異なるのは，前の段落で述べた研究開発の地平，あるいは新規事業創造がカバーされるのか否か，という点以外に，インプリケーションに意外性がなく，ここで提示されたような枠組みを用いずとも直感的に正しい判断ができうるのではないかという点である。のちに本書で提唱する枠組みでは，直感では想起しがたい事象を含んでいる。これらの意味において，この2次元型分類も，インクリメンタル・イノベーションとラディカル・イノベーションという分類の派生であると結論づけたい。

　原（2003, 2004）が提案する医薬品に関する，パラダイム的イノベーション，適用領域イノベーション，修飾的イノベーションの区別も，基本的に上記2次元型分類と互換性があるものと考える。すなわち，3つのイノベーションと技術的連続性，市場的連続性との間には表2.4の関係があるということから，パラダイム的イノベーションは図2.3の「構造的」に，適用領域イノベーションが「ニッチ創造的」に，修飾的イノベーションが「標準的」に，それぞれ相当するであろう。

5 ／能力の破壊型不連続と増強型不連続

　Tushman & Anderson（1986）の分類は，まず時間の流れをインクリメンタル・チェンジの時期と，技術的ブレークスルーの時期とに分けるところからはじまる。その技術的ブレークスルーをさらに技術的不連続と呼び，それを（組織）能力破壊型（技術的）不連続と，（組織）能力増強型（技術的）不連続の2種に分けている。

　この2つの分類と，プロダクト・イノベーションとプロセス・イノベー

	組織能力破壊型	組織能力増強型
プロダクト・イノベーション	まったく新しい製品区分 エアラインなど 製品の代替 真空管→トランジスタ 蒸気→ディーゼル レコード→CD 電気回路→IC	大きなプロダクト改善 ジェット→ターボ LSI→VLSI（注：大規模LSI） 機械式→電子式タイプライター 漸進的プロダクト変化 VHSなど
プロセス・イノベーション	プロセスの代替 （生産技術に関する専門的事項であるので省略）	大きなプロセス改善 （生産技術に関する専門的事項であるので省略） 漸進的プロセス変化 ラーニングカーブに沿った進展

技術変革

出所：Tushman & Anderson（1986）p.443より

図2.5 プロダクトとプロセスの技術変革のタイポロジー

ションというカテゴリーとを組み合わせて，図2.5のようなマトリクスを示している[4]。

彼らの議論がユニークで発展性があったとすれば，次のような指摘があった点ではないだろうか。

①能力破壊型不連続は新しい会社によって起こされる

②能力増強型不連続は既存の会社によって起こされる

③非完成品（セメントやガラス）ではプロセス・イノベーションのほうがプロダクト・イノベーションより重要である

④完成品（ミニコンピューターやビデオ）ではプロダクト・イノベーションのほうがプロセス・イノベーションより重要である

このうち，①と②はChristensenらの議論と整合性が高いように見えて，実はまったく異なる概念であることを本章の末尾で補足する。③と④は本章を通じて考えていくこととなる命題である。

ただ，この分類が①〜④のような指摘に成功している点は評価するとして

---

[4] Tushman & Anderson（1986）では，図2.5の横軸の概念には「不連続」を用い，「イノベーション」という用語は縦軸の概念にしか与えていない。

も，本章の文脈での不満は，第1節で設定した条件（p.23参照）の第3,「イノベーションの事後説明だけでなく技術課題への事前の対処を可能にするか，すなわち当事者の事前の判断が鍵となるか」という点である。やはり，情報さえあれば誰もが同じ判定ができるものなら，特にある技術課題をマネジメントするという観点から分類する意義はあまりない。

6 / アーキテクチャ革新と要素技術革新

Henderson & Clark（1990）のアーキテクチュラル・イノベーションの議論も2×2マトリクスでビジュアルな理解が容易であるが，原文（p.12）で用いられている英語の用語はそのままでは日本語に馴染みにくいし，またその後の洗練を経る前のものでもあるので，ここではそれを上手く意訳した延岡（2006）を借用しよう（図2.6）。

この図2.6からもわかるようにHenderson & Clark（1990）らの論点は，従来からのラディカル・イノベーションとインクリメンタル・イノベーションという二項対立に，縦軸であるサブシステム（要素技術：原著では「基本概念と部品とのリンク」）を導入したことで，対角の概念が生じたことが斬新であるという。それはすなわち，モジュール・イノベーションとアーキテ

サブシステム（要素技術）	革新的	モジュール・イノベーション	全面革新（ラディカル・イノベーション）
	改善的	改善（インクリメンタル・イノベーション）	アーキテクチュラル・イノベーション
		改善的	革新的
		製品アーキテクチャ	

出所：延岡（2006）p.156に筆者加筆

図2.6 アーキテクチャ革新

クチュラル・イノベーションである。

　既述のように，本書ではラディカル・イノベーション/インクリメンタル・イノベーションと「研究・開発」とは互換可能として取り扱っている。また後の章で詳述するが，「研究・開発」という概念に別のコンセプトを掛け合わせることによって，それまでは照射されていなかった新たな象限が生まれるという主張では，Henderson & Clark（1990）と本書とでは相似形といってよい。ただ，掛け合わせる概念がまったく異なっているため，生じる新しい概念もまったく異なったものとなっている。

　Henderson & Clark（1990）のモジュール・イノベーションとアーキテクチュラル・イノベーションという概念はその後の理論の発展が証明するように，ユニークで説明力が高い。しかし，要素技術（原著では部品）という軸が象徴するように，このフレームワークが得意とするものは，電気製品，パソコン，自動車などの，いわゆる完成品である。素材や化学製品などの説明には適さない。より重要な筆者の論点との相違点は，本書の対象が技術課題の成否とそのリスク，当事者の視点といったポイントであり，Henderson & Clark（1990）の視野にはそれらはない。

7 / 素材型とシステム型

　少し趣を異にする分類として，楠木（1996）の言う，化学製品や医薬品のような「素材型」（M型）産業と，自動車やエレクトロニクス製品のような「システム型」（S型）産業の２つの産業タイプ，というのがある。「これまでの日本の競争力はM型産業よりも複雑な製品システムをもつS型産業において強く，製品開発においても日本企業はS型産業では相対的に優位にある反面，M型産業では依然として欧米企業に対して劣位にある……」（楠木，1996，p.24）。この分類は，筆者が議論したい区分に近いようにも見える。しかし本質的には異なっているし，もとよりこの分類は精度に欠ける部分があるのではないだろうか。端的なものを示せば，S型産業の中にも，M

型の開発は存在する。自動車業界での表面処理研究や，エレクトロニクス業界での電池やデバイスなどがそうである。逆の例，すなわちM型産業の中でのS型開発は，たとえば化学会社のプロセス設計，などであろう。

また，M型とS型が機械的に決まってしまうことも，本書が意図する分類の要件を満たさない。

8 フロンティア型開発とルーティン型開発

技術課題を分類するに当たり，その基準を本書とほぼ同じくする考え方は，きわめて実践的な日常の中にこそあるようである。表2.5は，あるソフトウェア会社のホームページに記載があった「フロンティア型開発」と「ルーティン型開発」の分類の例である。この表の原型には，ここに転載した部分の下部に「開発手法の特徴」をフロンティア型開発とルーティン型開発それぞれについて示す行が続くが，それらの行の内容は本章での議論に直接は関係しないのでここでは割愛してある。

さて，この表2.5は本来，ソフトウェア開発に限った分類であるが，フロンティア型開発とルーティン型開発との対比が，実践的見地から描かれている。フロンティア型開発は，「未知のテーマ，開発経験なし」であるがゆえに「失敗のリスクあり，リスク管理が必要」であるという。まさに，本書の知恵の輪（L）型（ブレークスルー依存型＝アウトプットが出るかどうかわ

表2.5　あるソフトウェア会社によるフロンティア型開発とルーティン型開発の分類

求められる条件		フロンティア型開発	ルーティン型開発
	対象	未知のテーマ，開発経験なし	既知のテーマ，過去の経験あり
	リスク	失敗のリスクあり，リスク管理が必要	失敗するリスクは低い，管理テーマはコストと時間
	コスト開発時間	コストは予測が難しく，大きく外れるのが普通。開発時間は長時間を要するのが普通。	コスト計算の根拠は高く，安くできる。また，開発時間も極めて短くできる。

出所：http://swb.sbuhin.com/buhinya.htm より転載（2013年1月28日確認）

からない，リスクのあるもの）と視点を同じくしており，プロジェクトが失敗してアウトプットがゼロとなる可能性を示唆していよう。他方のルーティン型開発は「既知のテーマ，過去の経験あり」で「失敗するリスクは低い，管理テーマはコストと時間」とあり，まさしく本書のジグソーパズル（J）型（リソース投入型＝人・金・モノ・時間をかけさえすれば，必ずアウトプットは出るもの）の着目点と一致する。

　コストに関する部分では本書の論点と微妙に異なる部分がある。このソフトウェア開発分類ではフロンティア型開発のコストは「予測が難しく，大きくはずれるのが普通」というから，この点では本書の主張と隔たりはない。しかし，ルーティン型開発の「コスト計算の根拠は高く」まではよいとして，「安くできる」というのが本書の主張と決定的に異なる部分である。リソース投入型では，「人・金・モノ・時間をかけさえすれば，必ずアウトプットは出る」と考えているが，それが「安くできる」かどうかは一切議論の対象外である。そのプロジェクトの内容によって，L型よりも開発費は高くつく場合もあれば安くできる場合もあって，一概には言えないのである。

　この表2.5の分類が本書の主張と決定的に袂を分かつのは，表2.5で最下行に記述のある開発時間である。フロンティア型開発では「開発時間は長時間を要するのが普通」であり，ルーティン型開発では「開発時間も極めて短くできる」という。ソフトウェア開発を切り分けて，ひとつひとつを独立したパートとして考えた場合は，たしかにそうなるのかもしれない。しかし，純粋にブレークスルーに依存するという視点を貫き，偶然の発見が問題解決のすべてであると考えるならば，時間の次元は導入できないし，するつもりもない。極論すれば明日，幸運に恵まれて課題に対する答えが見つかる場合もあれば，何世代にも渡っても成果の出ないプロジェクトもありうるのである。他方のJ型でも，「人・金・モノ・時間をかけさえすれば，必ずアウトプットは出る」という仮定義の中でやはり時間の多寡は問わず，それは対象とする技術課題の内容に依存するという立場をとる。この立場でいえるのは，課題解決に要する時間の長短はともかく，見積もりが可能なのが，リソース投

入型なのである。

　フロンティア型開発とルーティン型開発という分類の発想が極めて実践的で本書の主張と共鳴する部分が多いために，この節，特に後半においては本書の定義の一部を議論したが，その詳細ついては次章で述べる。

9 蓄積型モデル/即応型モデル

　ここまで記してきた分類は具体的で機能的なものばかりであったが，次に引用するのは，本書の分類と同程度に，あるいはそれ以上に抽象的で観念的なものといえるかもしれない。金井(1991)は，大企業の研究所のマネジャーたちへのインタビューから，「同一の研究所内でさえ企業における研究のあり方に対して驚くほど対照的な基本的発想の分化が見られた」（金井，1991，p.188）ことを見い出している。なおかつ，「基本的発想は内的には首尾一貫した『研究に関する考え方の体系』をなしていた」という。そしてそれらを「コズモロジー（世界像)」と呼んで二項対比させている（表2.6）。

　表2.6に記されたひとつひとつのコメントは，臨場感の高い「生の声」であろう。もしかするとここには，多くの研究・開発部隊をもつ組織で共有されている心象が描き出されているのかもしれない。この調査がなされたのはX工業ではなく別の団体であろうが，さながら筆者が属したX工業でなされたインタビューであるかと錯覚するほど，ひとつひとつの発言が，筆者が研究・開発現場で耳にしたり，あるいは筆者自身が持った感覚に近いものであったりしたのは，筆者にとっても新鮮な驚きであった。次のような指摘もなるほどと思わせるものがあり，看過されるべきではないだろう。「蓄積型，現場即応型の最も顕著な典型ともいうべき研究グループはともに研究業績において平均を相当上回っていたという意味で，一方が他方より優れているというわけではない」（金井，1991，p.189）。

　話を本筋に戻そう。表2.6を一見すると，コズモロジーⅠ（蓄積型モデル）が研究志向の，そしてコズモロジーⅡ（即応型モデル）が開発志向の「世界

表2.6　研究リーダーの抱く対照的コズモロジー

	コズモロジーⅠ （蓄積型モデル）	コズモロジーⅡ （即応型モデル）
研究グループの役割	・研究所に属する限り、他の部署では望めないような基幹技術の蓄積をめざすべきである。	・企業の研究所に属する研究グループであるから、製品につながる成果をあげて、企業の利益につながるものを提案すべきである。
製造部門との関係	・製造部門に対して自律的立場を維持する。十分に蓄積できたものが製造部門に流出していく。	・製造部門との関係は緊密な方がよい。アイデア段階では、着想は製造部門から流入してくる。
研究者にとっての喜び、報酬	・自らめざしたことを成し遂げて自分を伸ばす。製造部門を越えて、ユーザー（顧客）にアピールできるだけの蓄積をおこない、社内的な短期的圧力にとらわれず前進すること。	・製品にアプライできる技術を実現させて、開発成果が多方面で使われるだけの実績をもち、事業部の製造部門から喜ばれるようなモノを生み出すこと。
研究者育成	・個人個人が技術の担い手として自分のテーマで伸びていく。	・製造部門への対応のなかから技術のエッセンスをつかむ。
有効なリーダー行動	・自主性を尊重して、おおまかなガイドラインを示す。 ・蓄積にならないその場限りの「へんな」研究はやめさせようとする。	・日課をきっちり定めて、努力・緊張を維持させる。 ・製造部門が困っているときに助けられるだけの実力の養成を主眼とする。

出所：金井（1991）p.183

像」のように見える。「志向」しているのはそれぞれ研究的なものであり，開発的なものであるという点では，その印象は間違ったものではないだろう。しかし，次のような記述もあることは，特記しておく必要がある。「蓄積型と即応型の対比は，必ずしもそれぞれ伝統的な基礎研究，応用研究という区別に対応しないことにも注意を促したい。即応型の1グループでは，研究担当者の38％が基礎研究に従事していた」（金井，1991，p.189）。企業内における役割分類としての研究者と設計者という対比を用いるとすれば，コズモロジーⅠ，すなわち研究者でもなければ，コズモロジーⅡ，すなわち設計者でもない，と述べられている。各個人が属する組織の形式の枠を越えた，各個人が持つ「技術観」であろう。この「技術観」は，本書が提案する分類と

同程度かそれ以上に観念的,抽象的なものであることは既述のとおりである。本書が狙いとする技術課題そのものの捉え方とはフェーズを異にするものではあるが,後に詳述するように,本書での分類から引き出せるインプリケーションに,ここでの「技術観」を援用することができる。

10 / 小　括

本章第1節の終わりで示した,先行例をレビューする際の視点を再掲する。
1. 研究・開発という分類ではとらえきれない何かを提供するか
　（研究・開発という分類と言葉を変えただけなら意味がない）
2. 新規事業創造を視野に入れられるのか,または議論を商品開発だけに
　矮小化していないか
3. イノベーションの事後説明だけでなく技術課題への事前の対処を可能
　にするか,すなわち当事者の事前の判断が鍵となるか

これらの基準に対する,本章で述べてきた先行例の適合度を,表2.7として一覧にしておく。

次章で提示する本書の分類が,上の表の3項目すべてを満足するように構成されたものであることは,いうまでもないだろう。

─補説─ / 持続的技術と「撹乱」的技術

　Christensenら（1997, 2001, 2003）が提起した概念は,持続的技術と破壊的技術と訳されて定着している。日本語では同じ「破壊型」とされているから,本章第5節で述べたTushman & Anderson（1986）の能力破壊型技術（Competence Destroying Technological Change）と同列にみなされたとしても仕方がない。しかし英語ではChristensenらが用いたワードはdisruptiveであり,素直に直訳するなら「撹乱」,「混乱」とでもするところである。Christensenらがdisruptive technologyと呼ぶのは,ハードディスクなら既存企業

表2.7 本章でレビューした先行例の分類が満たすべき要件への適合度

	1．「研究・開発」以外の分類か	2．新規事業創造も対象か	3．技術課題へ対処可能か
ラディカル・イノベーションとインクリメンタル・イノベーション	×	○	×
探索段階と開発段階	×	○	×
技術革新と市場革新	○	×	×
能力破壊型不連続と能力増強型不連続	○	○	×
アーキテクチャ革新と要素技術革新	○	×	×
素材型とシステム型	○	○	×
フロンティア型開発とルーティン型開発	○	×	○
蓄積型モデルと即応型モデル	○	○	注）この目的には馴染まない

とその顧客にとっては魅力のない小さくて容量の小さなサイズのものであり，鉄鋼業なら高炉や転炉に生産能力でも品質でもはるかに及ばないミニミルであった。すなわち，その業界のジャイアントとその大口のカスタマーが歯牙にもかけない劣った技術と小さな市場であって，彼らはそれをやすやすと新参者に明け渡して自分たちは上方へ持続的発展をもくろむ。誰も異を唱えようがないこの意思決定に実は陥穽が潜んでいて，新興企業が下方から次々に攻勢をかけて，ついには既存企業を市場のヒエラルキーの頂点で身動きできなくさせるというのが，Christensenらの卓越した分析のエッセンスであろう。「下方からの攻勢」であるから，Christensenらはdestroy（破壊）では

なくdisruptive（撹乱）という用語を選択したのではないだろうか。

　これに比べると前節のTushman & Anderson（1986）の能力破壊型不連続は，旧技術を置き換える新技術と言ってよいだろう。比喩的に表現すれば，新時代の優れた技術で上方から既存市場を破壊するイメージである。むしろChristensenらのワーディングでいうなら，業界ジャイアントが目指した上方への持続的発展こそが，Tushman & Anderson（1986）の能力破壊型不連続とほぼ同義であると解釈する。この意味において，Christensen（1997），Christensen & Raynor（2003）などで，disruptiveが破壊型と訳されたことを惜しむのは筆者だけではない[5]。

　ところでChristensenら（1997，2001，2003）の持続的技術と破壊的技術の概念は，技術と市場のダイナミズムを見事にとらえていて，本来は技術の分類という脈絡だけで引用すべきではなかったかもしれない。しかしTushman & Anderson（1986）らのコンセプトの対比として，ここに紙数を割いて記した。

5　たとえば，山城宗久氏（http://dndi.jp/10-yamasiro/yamasiro_3.php）など。

3 リスクに着目した実践的分類
──J型/L型分類

　第1章第2節では本書の主張を仮定義したが，それを本書における定義として正式採用できるのかどうか，本章において再度吟味しよう。

1 分類の基本概念──リスクに着目した実践的分類

　公的機関による研究開発の分類が，その活動の意義や目的を中心概念として定義されていたのに対し，第1章で仮定義した分類は，ほとんどの場合，そのプロジェクトのリスクを事前に認知することによって可能となる。第1章第3節では便宜上それらを「ジグソーパズル型＝リソース集中型」，「知恵の輪型＝ブレークスルー依存型」と呼んだ。下にその部分を再掲する。

> ジグソーパズル(J)型：Resource Allocation型技術課題
> 　　　　　　　　＝リソース投入型
> 知恵の輪(L)型：Breakthrough Dependent型技術課題
> 　　　　　　　　＝ブレークスルー依存型

ここで，

> ジグソーパズル(J)型：人・金・モノ・時間をかけさえすれば必ずアウトプットは出るもの
> 知恵の輪(L)型：アウトプットが出るかどうかわからない，リスクのあるもの

とも書き下せる。

　これらは，基礎研究と応用研究（あるいは製品開発）という概念とは，似て非なるものである。さらに，事後に事例研究として研究開発を記述しようとする場合，「神話」を生み，両者の区別が覆い隠される可能性がある。その意味において，そのアクティビティの事前にしか，これらを正確に識別することはできない。あるいは事後であるならば，事前の状況を解釈することが不可欠となる（これらについては後の章でより詳しく議論する）。

　以下，ジグソーパズル型，知恵の輪型のそれぞれについて，もう少し詳しく記述しよう。

ジグソーパズル（J）型：資源集約，グループワークが鍵
　　リソースを投入しさえすれば，システムとして完成させることは出来るもの。そのアクティビティの成果やアウトプットがゼロである可能性はなく，ただ，設計の巧拙，開発期間の長さなど投入リソースの変動，完遂後の市場性などが不確実要因である。
　　　　　一般例：新車開発，「宇宙開発」
　　X工業内の例：民生用小型機器，端末機器，民生規格大型機器など

知恵の輪（L）型：発明や発見などが鍵
　　リソースを投入しても完遂できるかどうか不確実なもので，個人の発想や偶然の発見（セレンディピティ＝serendipity：思わぬ発見をする才能，偶然に掘り出し物を見つける才能，福武書店『プロシード英和辞典』より）に依存する。すなわち開発リスクを伴うもの。より具体的に述べるなら，そのアクティビティの成果やアウトプットがゼロである可能性があるもの。ここで，社会一般と，X工業内に限ってみた場合とで，それぞれの中での例を考えてみる。
　　　　　一般例：青色LED製法の発見，新薬開発
　　X工業内の例：新出力デバイス，環境対応エネルギー装置，代替エネルギー製品など

なお，第1章で述べた「同調者」が挙げた実例が，壁掛けテレビと月旅行であったことをここで再度強調しておこう。構想の壮大さ，外部から見た遠大さとは逆に，意外にも月旅行がNASAのチームワークで成し得たJ型であり，壁掛けテレビは主として日本のエンジニアたちのブレークスルーを待たねばならないL型であったという指摘であった。

　これらの定義と実例については次節以降でさらに詳しく述べるが，ここでは少し視点を変えて，以下に技術をはなれた実生活上での例を考えてみる。

　第1の例として日曜大工を考えよう。たとえば「時計を掛けるに足る強度で壁に釘を1本打ち付ける」場合と，「大型犬の犬小屋をつくる」という2つの場合をあげてみる。前者では，壁の後ろには梁が通っていて，釘を打ち付けても掛け時計を十分な強度で支えられる部分があるのかどうか，またそれを探し当てられるのかどうか，これはやってみないとわからない。そんな都合のいい箇所は無いかもしれないし，作業そのものとしては釘を1本打つ，というきわめて簡単なことでありながら，その成否は事前には予測するのが難しい。

　一方，大型犬の犬小屋をつくる場合はどうだろう。器用な人とそうでない人，人によって得手不得手はあるだろうが，ともかく床の上に4枚の壁を立てて，その上に屋根を乗せれば出来上がることはわかっている。不確定なのは出来映えや要する時間だけであって，実際，きれいに仕上げるためには誰かの指示をあおいだり，また時間短縮のために誰かに直接手を借りる場合もあるだろう。いったい，釘を何本打つのかなど，仕事としては作業量の多い大変な仕事である。しかし成否はというと，可能であることは事前にわかっているのである。犬小屋を作るという目的に対して本質的でない何らかの原因，たとえば「別の仕事が忙しくなった」，「時間がかかるので飽きた」などの理由で途中で投げ出さない限り，出来映えはともかく，完成は約束されているといえよう。

　第2の例として，文章を書くことを考えよう。「雑誌に，数ページのちょっと気の利いた文章を」と頼まれた場合と，「出版することを前提として，こ

れまでの研究成果を総括する文章をまとめる」ことを企図した場合の対比である。時間がかかって大変なのは，言うまでもなく後者であろう。しかし，手間ひまさえかければ，これまでの研究成果を総括する文章はいつかは書きあがる。ところが，前者のような，「読んだ人になるほどと思わせるような小文」は，案外すんなり書きあがるかもしれないし，まったくアイデアが浮かばず，悶々とするかもしれない。挙げ句，意に染まぬ出来映えのものを出す破目になったり，もしかすると締め切りを守れず，その雑誌に穴を開けることさえあるかもしれないなど，リスキーなものである。

　上記2つの，技術をはなれた例で強調したかったポイントは，些細なことのようで実は成否の予見は難しい仕事と，作業量は多いかもしれないが完成することに疑いの余地はない仕事とのコントラストである。こうした概念を授業で説明したところ，学生たちとの議論でおもしろいたとえに行きついた。曰く，後者はジグソーパズルで，前者は知恵の輪（puzzle links）であると。つまり，何万ピースあろうとも，ジグソーパズルは時間さえかければ根気よく続けさえすれば，いつかは完成させることができる。これすなわちJ型の特徴と一致する。対して知恵の輪では，たった2つの小さな部品が，一瞬ではずせることもあれば，一生かかってもだめな場合もある。何かを思いつくか，偶然発見するか，すなわちブレークスルーが必要なL型である。直視的に非常にわかりやすいたとえであるので，当の学生たちに感謝しつつ，これを本書のタイトル「パズル理論」とさせてもらった次第である。

2　分類の典型的な実例

　J型とL型との違いを際立たせるため，①新車開発と②青色LED製法の発見とを対比させてみよう。

　ここで言う新車とは，毎年全世界で何百と発表される類のものであって，ビッグ・チェンジ，マイナー・チェンジなどのモデル・チェンジ，あるいはまったくの新型車も含むが，それらはすべてガソリンエンジンを動力とする，

現在もっとも広く世界中に普及しているプラットフォームのものである。この開発プロジェクトに，ブレークスルー，偶然，ひらめき，アクシデントなどがまったく必要でないというつもりは毛頭ない。しかし，それらが得られなかったために新車開発が頓挫することはないのである。たとえば，あるブレークスルーによって，新車開発のある一部分が飛躍的に性能向上することは十分にあるだろう。一切のセレンディピティが不要であると言っているのではない。それでもしかし，セレンディピティが新車開発全体の成否を握る必要条件であってはならないのであって，「新車」は数年おきには必ず市場に投入されねばならないのである。

　一方の青色LED製法はどうであろうか。青色LEDの製法は個人による発見として広く知れ渡っている。どのような手順によって発見にいたったのか，真実は当事者にしかわからない。公にされている「開発神話」の数々を目にしたことがあろうとなかろうと，その発見が英語で言うところのセレンディピティに関連付けられる類のものであったことは想像されよう。すなわち，労力という部品を組み合わせれば，誰でもが青色LED製法の発見に到達できた訳ではない。もちろん最低限の知の蓄積は必要であろうが，最終地点へ到達する最後の一歩は，ブレークスルー，偶然，ひらめき，アクシデントなどで表現される何かであったに違いない。繰り返すが，L型の成否の結果はすべて，ブレークスルーあるいはセレンディピティに依存しているのである。

　ここで，前出の金井（1991）と同様，筆者がJ型とL型の活動やその担当者たちの優劣を論じているわけでは決してないことを強調しておこう。あくまでも役割の相違であり，企業の研究・開発活動の現場では，単なる業務分担の場合ですらあることは，企業の研究・開発活動を間近で見る機会があれば，実感できるであろう。

3 / 分類の応用例

　さて，ある特定のアクティビティを考えるとき，J型/L型どちらか単独で

完結しているというよりも，両方の組み合わせ，すなわちハイブリッド的なものもあることには注意が必要である。たとえば，全体としてはL型に分類できるものの，部分的にはJ型の考え方を要する場合，またはその逆も当然ありうる。はじめの例，全体としてはL型であるがJ型の要素も含ませる手法の例として，新薬開発（これ自身はL型）の確率を高めるため，いくつものチームに同じミッションを担わせる（このことによってJ型の要素を帯びさせる）という例が考えられる。

逆に，全体としてはJ型に分類できるものの，部分的にはL型の考え方を要する場合の例は，ある製品開発プロジェクトで，ハードウェア開発もソフトウェア開発もともに含む場合があげられる[1]。これは前出のような民生規格大型機器の開発などが具体例であるが，全体としてはブレークスルー依存ではなくJ型の典型のようなプロジェクトである。しかし，そのソフトウェアの一部分のアルゴリズム開発で，あるソフトウェアエンジニアのひらめきが大きな貢献をした結果，大きな効果（例としては，人や期間などの開発工数短縮，ハードのコスト削減，ユーザーの使いやすさの大幅向上など）が得られた場合など，そのエンジニアのひらめきがプロジェクト全体の成否を左右したわけではないが，大きな貢献をしたブレークスルーがあったことに相違はない。

さらに別の例をひとつあげよう。以下は，X工業が意欲的に取り組んでいる「民生規格大型機器の特定機能」のケースである[2]。そのプロジェクトは約4年前，ディビジョンR&D内のいちマネジャーの発案でスタートした。彼の傘下には以下の6つの部分（カッコ内は部署またはその所在地）のチームが構成された。ハード，ソフト，前段設計，後段設計，基礎技術開発（社外パートナー），応用技術開発（部品部門）である。このプロジェクト全体，および各チームのほとんどはもちろんJ型であるが，中にひとつだけ，L型

---

[1] 昨今では，機器メーカの製品は，事実上ほとんどすべてがハードウェア開発もソフトウェア開発もともに含む。

[2] 混乱を避けるためにディテールを省略したり，理解を助けるために簡略化を施したり，若干の脚色を加えている。

がある。それは，応用技術開発（部品部門）である。なぜなら，普通の性能の技術ならJ型で開発のめどが立っているが，高性能の応用技術がもし開発できたなら，さらに機器が小型になって最終性能も良くなる。ただし，それはできるかどうかわからない。まさにこの応用技術開発チームには，未知のブレークスルーが求められている。万が一できなくても，「普通の性能」の基礎技術を搭載すれば一応，製品はできる，というシナリオである。よって，この応用技術開発（部品部門）のリーダーだけは他のリーダーたちと違い，まったくの成果なしという覚悟，投資したリソースすべてをドブに捨てるという覚悟がいることとなる。これと違って他のチームは，何らかのアウトプットは必ず出るようになっている。

4 ／ J型/L型2分類と「研究」・「開発」との関係

さて，ここまでの議論では，意識的に「研究」・「開発」と言う語法を避け，替わりに「プロジェクト」や「アクティビティ」などの用語を用いてきた。ではここで，第2章第1節で仮に導入した研究・開発の分類と，J型＝リソース集中型/L型＝ブレークスルー依存型の分類との関連を考察しよう。

第2章第1節の仮定，すなわち研究と開発とは1次元的に配置され図2.1のように示しうる，という考え方を基盤として，そのうえにこの章の議論を構築すると，図3.1のような関係となる。すなわち研究と開発とを水平方向に隣接させて置いた場合，L型＝ブレークスルー依存型とJ型＝リソース集中型とは，垂直方向に並列され，その結果として4つのセルを形成することとなるのである。この横軸の概念（研究と開発）と縦軸の概念（ブレークスルー依存型とリソース集中型）とは完全に独立ではないため，厳密には2つの軸は直交しない。この意味においては本来図3.2のような図形を提示するべきであるが，ここでは簡便化のために，図3.1を用いて説明する。

なお念のために確認しておくと，「2つの概念が独立ではない」とは，「一方の度合いが変化すると，他方もその影響を受けて変化する」ことを意味す

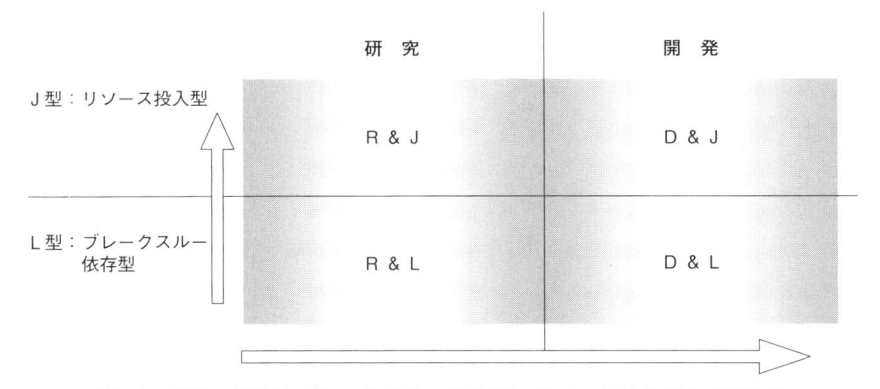

図3.1　研究・開発とブレークスルー依存型・リソース投入型との関わり

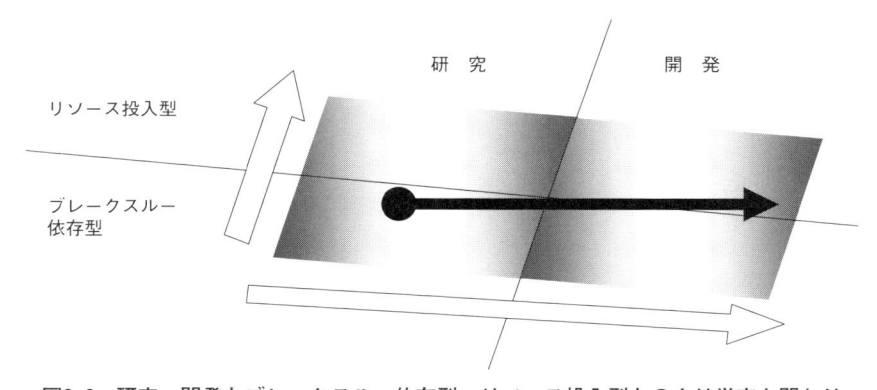

図3.2　研究・開発とブレークスルー依存型・リソース投入型とのより厳密な関わり

る。ここでの議論に当てはめて例を述べると，あるL型のプロジェクトが，研究から開発に遷移したとき，2つの概念が完全に独立なら，そのプロジェクトは依然としてL型に留まる。これを数学的に表現すると，両方の軸が互いの影響を受けないこと，すなわち片方の軸上の動きのベクトルを分解しても他方の軸の成分が発生しないためには，両軸は直交する必要があるのである。ところが2つの概念が完全に独立ではない場合は，研究から開発に遷移したあともL型であるとは限らず，J型へ移行することがある。すなわち片

方の軸上の動きのベクトルは，他方の軸の成分プラス第3の軸の成分に分解可能ということであり，これは両軸が直交していないことを意味するのである．

さて図3.1に戻り，R＆J，R＆L，D＆J，D＆Lと名づけたそれぞれのセルにはどういった例があげられるのか，ここではX工業内のテーマをひとつずつ当てはめてみよう．
- R＆L（ブレークスルーの必要な研究）：新出力デバイスの開発・実用化
- R＆J（リソース投入で達成できる研究）：次世代システム
- D＆L（ブレークスルーの必要な開発）：（ある限界を超えた）重量削減
- D＆J（リソース投入で達成できる開発）：端末機器

この中で，R＆LやD＆Jには多言を要しまい．なぜなら，「研究」で「ブレークスルーが必要」，「開発」が「リソース投入で達成できる」というのは，直感的にも，また前節で述べた従来の分類においても，容易に想像がつくからである．

ハイライトはその他の2つで，これらは逆に通説とは合わないので，説明が必要であろう．まずR＆Jの例として，ここでは次世代システムをあげた．次世代システム技術を用いた民生品は市場にほとんどなく，現在，製品化の予定もないため「研究所」でそのプロジェクトは担当されている．しかし次世代システムの基礎的な原理（言い換えるとブレークスルーを必要としたフェーズ）はすでに開発済みであって，今行われているプロジェクトは，当面量産を予定しない特定のアプリケーションを完成させるための，応用技術の洗練である．そういった意味において，表2.2の定義，すなわち総務省の定義では「応用研究」の「基礎研究によって発見された知識を利用して，特定の目標を定めて実用化の可能性を確かめる研究や，既に実用化されている方法に関して，新たな応用方法を探索する研究」の範疇である．さらにいえば，「ある特定の実践的な目標設定あるいは応用」のための「技術的知識を獲得するために振り向けられて」いるアクティビティであり，OECDの分類ですら「研究」に分類できよう．換言すると「事業実現」ではなく「知識獲

得」フェーズという意味においても，これは「開発」ではなく「研究」と考えうる。しかし，もはやブレークスルーは必要とされず，リソースを投入した分だけ成果やアウトプットが期待できる。

次に，D＆Lの例として，ここでは（ある限界を超えた）重量削減をあげたが，これはどんな商品のものでもかまわない。たとえば端末機器を例に採ると，ある外観で，ある重量の値までは，努力の積み重ねで軽量化は可能である。しかしある限界に達したとき，それ以上の重量削減を達成するには文字通りブレークスルーが必要となる。思い切った発想の転換か，全体構成の変更か，ともあれ，誰かが何かに気づくことが必要とされるのである。この段階では，資金や人員を投入したところで相応のアウトプットは期待できないのである。

ここでもう一度，提案された分類の要点を議論しておこう。図3.1中の4つのセルのうち，R＆LやD＆Jでは，「研究」で「ブレークスルーが必要」であることや，「開発」が「リソース投入で達成できる」ことを述べているのであって，従来からある分類の感覚に近く，特に目新しいものではない。

特記すべきはその他の2つで，これらは逆に通説とは合わないので，したがってこの2つのセルが本論文固有の主張であるといえる。

R＆Jに対しては，本書でいう「研究」の定義の問題である，という反論がありうる。すなわち，「リソース投入で達成できるような」あるいは「ブレークスルーが要求されないような」ものは研究とは認められない，という主張である。直感的，あるいは感覚的にはもっともである。しかし，私企業における「研究」の意味，あるいはその変遷について議論した第2章第1節を思い出して欲しい。非営利企業はともかく，現在の私企業においては基礎的な研究を行うことの経済的な意義が認められ難くなっており，その結果，「研究所」で行われているのは，総務省の区分でいうところの「応用研究：基礎研究によって発見された知識を利用して，特定の目標を定めて実用化の可能性を確かめる研究や，既に実用化されている方法に関して，新たな応用方法を探索する研究」であった。また，逆説的に私企業の研究テーマから遡っ

て定義を試みるならば，「研究所」で担当されうる可能性があるのは，「製品化や量産化にいたる前の，あらゆる技術的検討」であることも，第2章第1節で言及したとおりである。ことの善悪や語義の感覚の問題ではなく，これが一企業における実体である。その結果として，「リソース投入で達成できるような研究」あるいは「ブレークスルーが要求されないような研究」が存在しているのである。

次に，対極としてのD＆Lである。こちらは時代背景や経営手法の変遷とは無関係に，あらゆる技術的活動の中に存在しうる事象である。例としてこれまで，「アルゴリズム開発」，「（ある限界を超えた）重量削減」をあげてきた。これは言葉を変えると，どんなに些細に見える技術開発であっても，誰かが何かに気づくあるいは決断することが必要とされる場合があり，すなわちブレークスルーがなければその「些細な」プロジェクトが頓挫する可能性，アウトプットがゼロとなるリスクがあることを，マネジャーは認識しておく必要があるということでもある。

5 / 拡張性

本書の分類軸は，決して他の分類軸と排他的ではなく，両立しうる。その様子を，前節にあげた技術・商品の革新と市場・顧客の革新を例にとって図示してみよう。分類軸が合計3つになるため，図3.3に示すように3次元の図となる。

もちろん4次元以上は図示できないが，論理的不整合がない限り，軸はいくつでも同時成立しうるのである。

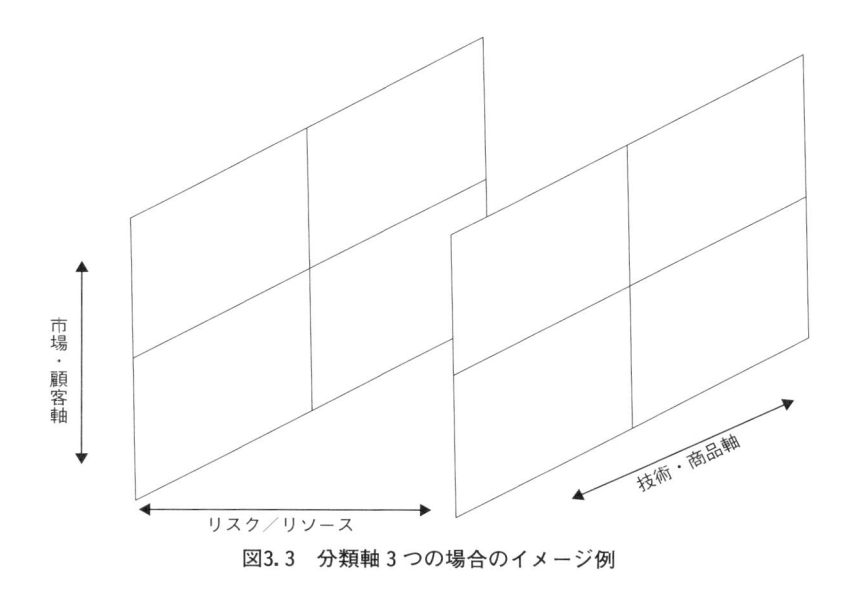

図3.3　分類軸3つの場合のイメージ例

6 / 議論の範囲

　ここで，本書が対象とするのは技術課題そのものの成否のみであり，原則として，その技術が産むその後の収益の多寡については議論しないことを明言しておく。投資回収や経済的利得などを目的とせず，単に技術課題の成否だけを議論することの意義を説くつもりである。ここでこのように限定する理由は，後述する同僚たちへの聞き取りの中で，次に示すような指摘があったからである。

　「研究開発の視点で，2つに分類するのはできそうな気もしますが，経営的には，リソース投入型のリスクは極めて大きい面もありますよね。アウトプットが出ても，競争力の点で負け組みに入ったら，アウトプットがないよりもひどいかも知れません。リソース投入のコストも大きな問題で，投資に見合う回収ができなければ，もともこもない」

「リソース投入によって成果が上がるというのは，非常に成長中の商品とか，いくつかの前提条件がある場合だと思いますが」
「実践的な経営の視点での研究開発のマネジメントという意味では，競争の中で勝ち組になるために何が必要かという議論が大事な気がします」
「マネジメント判断は，企業での開発では経営判断と，技術的判断，両方の判断が進行過程で行われるので……」

　これらはどれももっともな感想であり，ビジネス全般を論じるコンテクストの中では反論の余地はあまりない。そもそも，技術を経営的コンテクストから切り離すことが可能なのかという疑問すら呈されるかもしれない。経営者の観点からは，もしかするとマネジャーの立場でも，技術単独での議論は避けるべきものなのかもしれない。

　しかし，少しアングルを変えて考えて欲しい。マネジャーから技術課題を与えられたひとりの技術者にとってはどうであろうか。いち担当者である彼または彼女にとっては，眼前の技術課題こそがすべてである。それは単純な工作であるかもしれないし，大きなプログラムのごく一部分のコーディングであるかもしれない。基礎的な実験の試行錯誤であるかもしれないし，彼らには，こういった類いの職務が完遂できるのかできないのかが，唯一にして最大の関心事である。分業の観点からは，むしろ彼らには，肝心の課題を解決した上でという条件つきで目の前の技術以外のことにも気を配ることが望まれうるとしても，決して技術同様の比重で環境や周辺に力を分散することが求められることはないだろう。ここまで，さながらエントリーレベルのエンジニアを想起させる例を用いてきた。しかしこれが一段階上層のレベルであっても，相対的にはやはり経営的事項が紛れ込む余地はまだないだろう。では，課レベルや，部レベルではどうだろうか。もちろん，徐々にビジネスモデルの中での位置づけを思考するようになって然るべきではある。しかし相対的な見地から見ると，どの層にあっても，どこかで技術の問題と経営の問題とを切り分けられる緩衝地帯を設定することはできる。たとえば技術部長を考えてみよう。技術部長ともなると，ひとつひとつの技術課題に対して，

「そこに技術課題があるから取り組んでいます」では済まされないことは自明である。技術部長たるもの，自らの部署で現実化された技術が，いつ，どのように，誰に対して売れて，どれだけの利益を生み，その結果開発そのものの投資回収ができるのかといった見取り図もなしに部署を指揮しているとしたら，失格の烙印を押されても仕方ないだろう。しかし，まずは技術課題を解決することこそが，「技術部長」に与えられた最大のミッションであろう。それをないがしろにしてマーケティングやビジネスモデル構築に奔走することは，エンジニアリングを担当する部門の長には普通は求められないはずである。すべては技術課題解決という最優先事項への責任を果たしてこその，その後の議論である。

　ここで議論のはじめにもどって，経営者や事業全体を論じる経営学者の地平では，もはや技術は経営的事項からは不可分であるといってよいだろう。筆者自身の究極の目標も，ビジネス全体を俯瞰するような上の同僚たちの言明の成否を確認したり，または疑ったり，あるいは別の観点から眺めたりしながら，技術経営の本質に迫ることである。しかしながら本書の位置づけは，そのはるかなる理想への第一歩目の地固めといったところである。経済的価値に還元される以前の，解決されるべき技術課題としての属性をとらえようとする。もしもそれが絶対的な操作定義が不能または困難なものであるのならば，技術者や企業人が共有できる「技術観」としての納得性を問いかけようとするものである。

　その準備として不可欠なものは，本書のコンテクストでのひとつひとつの用語の定義であろう。これについて，次節で詳述する。

7／ターミノロジー──用語解説

　ここでは，経営全般を議論する場合と技術経営のみを対象とする場合とで，明らかに，あるいは微妙に語義が異なりそうな以下の言葉について，本書の取る立場を明確にすることを試みる。言い換えると，一般の語義ではなく，

本書のような技術経営の脈絡における用法の統一を目指す。それなしでは，議論の範囲を規定できずに，本書の技術経営論の焦点が曖昧になると考えてのことである。以下，順不同に定義する。

- 研究

研究と開発の語義は，第2章で定めた。まず研究に関しては，総務省の定義の「基礎研究」と「応用研究」とを束ねる。「基礎研究」の定義の主要な部分は「新しい知識を得るために行われる理論的又は実験的研究」であり，同じく「応用研究」は「実用化の可能性を確かめる研究や……新たな応用方法を探索する研究」である。

さらに，「研究」は「ラディカル・イノベーション」とほぼ同義であるとして扱う。

- 開発

一方の開発も，同じく総務省の定義を援用するが，「開発研究」を「開発」と読み替え，語義の大意は「基礎研究，応用研究及び実際の経験から得た知識の利用」である。

また，「開発」は「インクリメンタル・イノベーション」とほぼ同義であるとして扱う。

- 投資

ここでの投資は当然のことながら，技術に対するものに限られる。「投資される」ものは，金だけでなく，人であったりモノであったりもするが，すべては技術課題の解決に供されるものである。投資回収は普通，研究または開発の成功の結果として経済的価値に変換されて得られるが，本書の文脈に限り，技術プロジェクトの成功そのものが投資に対するリターンである。

- リソース

本書では投資と同様に，技術課題解決のために割り当てられるものだけを議論の対象とする。人，モノ，金，時間，信用，あらゆる形態をとりうることだけは，一般の定義と変わりない。

- リスク

ここでの用法は，技術課題の解決の成功（または不成功）の確率に限る。その結果が経済的価値に変換されて利益を生むかどうかは，関心の外である。

- **成果**

上のいくつかと同様に，経済的価値を意味するのではなく，技術的な収穫のことだけをいう。成果があがるとは，研究または開発が成功することであり，成果があがらないとは，研究または開発が失敗することである。

- **ブレークスルー**

三省堂『大辞林』第二版より「科学技術などの進歩を阻んでいた壁を突き破ること。また，外交交渉などの行き詰まりが打破されること。前進。進展」。三省堂『デイリー 新語辞典』では，「科学技術などの飛躍的進歩。また，難関・障害などを突破すること。前進。進展」となっている。ここまでの議論ではひとまず，これら辞書的定義をそのまま採用しておく。

- **セレンディピティ（および擬セレンディピティ）**

福武書店『プロシード英和辞典』より「セレンディピティ＝serendipity：思わぬ発見をする才能，偶然に掘り出し物を見つける才能」。これもひとまず辞書的定義を受容する。

しかしここで，Roberts（1989）の次のような定義を本書にも導入すると，議論の整理に極めて有用である。「私はここで，思ってもみなかった物事を偶然に発見するという真のセレンディピティに対して，追い求めていた目的への道を偶然に発見するということを表現するのに，擬セレンディピティという言葉をつくりたい」（Roberts, 1989, p. ix）。

この定義に照らせば，本書でいうブレークスルーは，ほぼすべて，擬セレンディピティである。換言するなら，L型の技術は，追い求める目的への道を発見するためには，なにがしかの偶然を必要とする。さらに付言すると，本書でいうブレークスルー依存型は，目的や狙いが定まったものであり，「思ってもみなかった物事を偶然に発見するという真のセレンディピティ」についてはここで論じるつもりはない。

この他にも，セレンディピティに関しては，いくつかの興味深い論述があ

る。

　山崎（1991）は「薬ができるまでのプロセスの中で『研究者のひらめき』，『偶然（serendipity）』，『創薬戦略』などがどのように貢献したか」（山崎, 1991, p. 3）と前置きしてからセレンディピティによる創薬例をいくつもあげ，さらに次のように続けている。

　「……以上のような発見は，ほとんどがそうした創薬のヒントを見逃さなかった観察力の鋭い研究者によって興味を持たれ，しかも，そうしたアイデアを生かすための手段と実行力が組み合わされた結果，実用に結びついたものである。

　これらの例を見ると，創薬のきっかけとなる『ひらめき』が生まれるプロセスは『ロジカル』なスジ書きではない（中略）。

　『ひらめき』は独創の1つの発端であることに間違いはないものの，これに手段と働きかけが追従しなければ創造性に結びつかない（中略）多少の働きかけで済ましているような人々は，創造（創薬）に近づくことは難しくなるのである。創造はアイデアの上に確実な手段が発揮されてこそ生まれるのである」（山崎, 1991, p. 10）。

一方で山崎（1991）は，偶然の発見でなく演繹的に創薬を狙える可能性をいくつか示したうえで，次のようにも述べている。

　「……この進歩はロジカルなアプローチによる創薬につながっていくものと思われる」（山崎, 1991, p. 11）。

　「……discovery researchにおいて重要な役割を果たすのは，才能とセンスとに恵まれた個人であることは今後も変わりはないように思われる」（山崎, 1991, p. 13）。

これらは後の章で新薬開発の要諦を議論するうえで欠かせない知見である。

　吉川編（1994）には，松井好による次のような記述がある。

　「……あるイギリスの民間企業の研究者が，「研究が事業的上（まま）の成功に結びつくには『セレンディピティ（まったく新しいことを考え出す能力）』と『フリーダム』および『ジャパニティー』が必要だ」という指摘

をし，議論がはずんだ。ジャパニティーというのは，日本人の能力特性についての発言者の評価で，その意味は「材料が揃っていれば，それを組み立てて何とかモノにする能力が日本人には高い」ということである。つまり，イギリスはオリジナリティはあるがインダストリーへの応用になると弱い。日本はその逆である」（吉川編，1994，pp. 290-291）。

このコンテクストでは，本書の立場と同じく，ブレークスルーとセレンディピティとは同義語であるといって間違いない。

• **MOT（Management of Technology）**

MOT自体の訳語としては「技術経営」で問題があるとは考えない。しかし，以下に述べる2種の区別は主張したい。

　➢ ものづくりを対象とするMOT
　➢ イノベーションを主眼とするMOT

ここではまず，自ら前者であることを標榜している藤本（2003）の「もの造り（オペレーション）の経営学」に関するメタファーを見てみよう。

「……比喩的に言うなら，高度1万-10万メートルからの経済の全体系を俯瞰する伝統的経済学の世界から，企業間の実力差が判別可能な高度100-1000メートルの世界にまで高度を下げてくるわけである。

　これに対して，筆者が専門とする「もの造り（オペレーション）の経営学」は，天井裏から工場や開発の現場を覗くようなもので，いわば10メートルの世界である。したがって，そこから徐々に上昇して高度100-1000メートルに至るという「オペレーションベースの戦略論」は，いわば「下から見上げる戦略論」である。それは工場によっては生産性が2倍，数倍違うのは当たり前，というもの造り現場の現実を起点とし，なぜそうした現場の実力差が利益の差に素直につながらないのかを考える」（藤本，2003，p. 11）。

実際には，藤本は講演会などで「いわゆる『MOT』をやっているつもりはない」とまで言い切っているが，ここではものづくり系のMOTを代表してもらおう。藤本ほど自ら明快に言い切ってはいないものの，この範疇に含

まれる経営学の泰斗は多い。Abernathy, Utterback, Kim B. Clark らがその筆頭格であろう。

　イノベーションを主眼とするMOTは，筆者も藤本の表現を借用して，工場ではなく研究所や開発現場の天井裏から，いやもっと低い視線，つまりフロアからスタートし徐々に視点を上げて，技術経営を俯瞰したいと考えているのである。この意味においては，厳密には技術経営に限定はされていないが，加護野（1988a, 1988b），伊丹・加護野（1989），Nonaka & Takeuchi（1995）などに活き活きと描かれている広義の新規事業創造のダイナミズム，トップ・マネジメントとミドルの緊張感を伴ったコラボレーションなどこそ，イノベーションを主眼とするMOTの例としてあげたい。加護野（1988a, 1988b）はそれをパラダイム転換と呼び実例を示した。伊丹・加護野（1989）はそういった過程を4つのステップで明示した（①トップによるゆさぶり，②ミドルによる突出，③変革の連鎖反応，④新しいパラダイムの確立）。Nonaka & Takeuchi（1995）は「ゆらぎと創造的なカオス」（邦訳 p. 118），「ミドル・アップダウン・マネジメント」（邦訳 p. 188）などの造語で，そのコンセプトを提示している。

　ともあれ筆者の究極の目標は新規事業創造のメカニズム解明であって，それは「研究・開発」によって成されるものであると仮定するのが自然であろう。その仮定そのものの一般的妥当性を検証することが，MOTの本質の理解にほぼ相等すると考えている。それを今後の課題として残しつつも，本書ではまずは「研究・開発」の本質に少しでも迫りたい。そこから視点を上げていくことよって，技術課題解決チーム，エンジニアリング全般へのマネジメントの勘所が抽出できるとするならば，最終的には新規事業創造に資することを期待している。

　以上，現時点で考えられる，本書特有の語義を定めたが，以下の議論の展開次第では追加定義も必要となることであろう。

4 パズル理論（J型/L型分類）の数値的分析
——事例：X工業のプロジェクト

　本章では，パズル理論として，実際のジグソーパズル（J）型/知恵の輪（L）型分類の例を記述する。はじめに，筆者自身による，実際のプロジェクトの分類とその理由を示す。次に，同じプロジェクトに対して，技術系社員と事務系社員とで分類基準がどのように異なるのかを見ることとする。

1　J型/L型分類の実例

　X工業のプロジェクト25件のデータをもとに，それらをひとつひとつJ型/L型分類する。なお，ここでいうX工業のプロジェクトは，形式的な定義はともかく，実体としては，研究開発本部と各事業体などが組織の垣根を越えて特定の技術開発や商品化を目指すものである。

　したがって，純然たる研究開発本部のテーマと一線を画することには注意が必要である。X工業の場合，すべてのプロジェクトのテーマには研究開発本部がからんでいるので，プロジェクトのテーマはすべて研究開発本部のテーマであるといえるが，当然のことながら逆は真ではない。つまり当たり前のことであるが，研究開発本部のテーマであってプロジェクト化されていないものもあって，それには3通りのケースがある。まず，研究開発本部での開発状況がまだ商品化レベルに達していないことであるが，これはさらに以下の2つの場合に分けられる。①フェーズとして商品化のはるか手前，いわゆる「研究」そのものであって，そのテーマの事業性を云々するのとは別の次元に置かれている場合と，②事業性に富むと考えられ成果が待たれてい

	未熟 ← 開発進捗度 → 完成間近	
有り ↑ 市場性 ↓ 未知	事業性に富むと考えられるが、まだ技術課題が解決されない場合	プロジェクト化されるのは、このセルに分類されるテーマの一部（または全部）
	「研究」そのものであって、そのテーマの事業性を云々するのとは別の次元	技術的には十分研究され機は熟しているのに、マーケティング的な出口がない

図4.1 X工業における研究開発本部のテーマの性格分類とプロジェクト化されるテーマ

るのに，まだ技術課題が解決されない場合とである。3つめのケースは，③技術的には十分研究され機は熟しているのに，マーケティング的な出口がない場合，つまり開発は終了したのに売れない技術である。

　整理しよう。研究開発本部の各テーマを，開発の進捗度と市場性という2軸で分類すると，4つのセルができる（図4.1）。このうち，プロジェクト，すなわち事業体との共同というフェーズに持ち込まれるのは，右上のセルのテーマの一部（または全部）である。右上のセルとはつまり，市場性があると考えられ，かつ技術開発も完成間近なものである。その他のセルの状態にある技術テーマがプロジェクトに持ち込まれることはない。市場性の有無にかかわらず開発の進捗度が未熟であるか（左の2つのセル），または技術的には完成しようとしていても市場性が疑問視されているか（右下のセル）である。総括すると，プロジェクト化されるのは，研究開発本部のテーマの中でも，技術的にもマーケティング的にも，ともに「成功」に近いものだけである。

　さて，話しをプロジェクトそのものに戻そう。入手した資料は実際にはA3用紙3枚分のもので，2004年12月現在の合計37のプロジェクトについて，テーマ名，開発目標，関連事業部ほか，経費，期間，設備投資，人員，商品，成果をそれぞれ数行で記した一覧である。情報の性質上，これらの諸元すべてを開示することはできないが，表4.1にサンプルを示す。

表4.1 X工業のプロジェクト一覧表のサンプル

(単位：金額は百万円，人員は，人・年)

テーマ	開発目標	関連事業部ほか	期間	経費	設備投資	人員	商品	成果
次世代AAA	・BBBを使用し，高性能の動作およびCCCが可能なAAA端末の開発	EEE事業部，研究開発本部	2001年1月～2002年12月	○×	??	15	BBB搭載AAA端末	・世界初のBBB搭載AAAのモニター機を開発（2002年12月から半年間） ・商品化については，BBBの課題解決に時間を要することからAAAそのものとしては商品化断念 ・本プロジェクトで開発した種々の要素技術を，次の技術開発へ展開
高性能DDD技術	・当社DDDの事業拡大のため，高密度，高効率を実現する高性能DDD技術を開発する ・EEE型DDD技術開発（2003年） ・DDDの進化対応・低コスト化技術開発（2003年）	FFF事業部，研究開発本部	1997年4月～2004年3月	△◇	0	83	・独自構造DDD ・省面積・高効率DDD	・売上実績◎×△円（01-03年度） ・売上予測■？○円（04-06年度） ・DDD応用商品2種の事業拡大 ・国外工場への展開 ・DDDを搭載することによるEEEの付加価値向上

　余談ながら，これらのプロジェクトの人件費，研究費，設備投資に対して，すべて本社から潤沢に予算が配賦されるわけではない。中には事業体（事業部）が結果に対する責任を負いながら，関連部署の予算だけでまかなわれるようなプロジェクトも含まれている。

　本書での分析に用いたのは，37テーマ中比較的新しい25テーマである。除外した12件は，2000年より前にプロジェクト終了しており内容的に古くなったものや，あるいはほぼ設備投資だけで事足りたプロジェクトなどである。25のテーマについて，基本的には上の表4.1のようなデータだけをもとに，筆者自身がジグゾーパズル（J）型か知恵の輪（L）型かを推定した。「基本的に」と述べたのは，いくつかのテーマでは筆者自身が深くかかわっていた

り，この資料以外の予備知識を豊富に持っていたりするものもあるからである。筆者のバックグラウンドに近い分野，あるいは入社以来歩んできた分野のプロジェクトについては，入手資料に記された以外の情報を多かれ少なかれ持っている。逆にいうと，X工業内の他の分野についてはほとんど予備知識はない。もちろん，この資料の情報だけで正確にJ型/L型分類をすることは困難であるが，上のサンプル内にも散見されるようにキーワードが記されている場合もあるし，そうでなければ，一般常識や筆者の経験を総動員して推定した。

ここで念のため，J型/L型の仮定義を再掲しておく。

> ジグソーパズル(J)型：**Resource Allocation**型技術課題
>   ＝リソース投入型（人・金・モノ・時間をかけさえすれば必ずアウトプットは出るもの）
> 知恵の輪(L)型：**Breakthrough Dependent**型技術課題
>   ＝ブレークスルー依存型（アウトプットが出るかどうかわからないリスクのあるもの）

筆者自身によるJ型/L型分類の結果を表4.2に示すが，表の番号（並び順）は入手資料に記されていた順序そのままである。この数字が何か特別の順位や序列を示すとは考えられず，あくまで整理上のものである。

では以下で，筆者のJ型/L型分類判断基準を順に示そう。念のため記すが，以下，テーマ名その他は，もとの資料では具体的に書かれているが，本書では抽象化して表現している。

No. 1　次世代端末機器　推定：J

これは事実上，別プロジェクトの新出力デバイスの完成待ちといえるプロジェクト。新出力デバイス自体は後で述べるように典型的なL型であるが，このNo. 1自体は新出力デバイス以外のところはブレークスルーが必要な開

表4.2 プロジェクトのJ型/L型分類例

No.	テーマ	J型/L型推定	No.	テーマ	J型/L型推定
1	次世代端末機器	J	13	環境処理技術	J
2	第2世代民生用小型機器	J	14	高性能検知素子	J
3	高性能デバイス	L	15	次世代精密デバイス	L
4	民生規格大型機器	J	16	新出力デバイス	L
5	新世代業務用機器	J	17	高性能エネルギー装置	L
6	次世代アメニティ	J	18	高性能エネルギー部材	L
7	新規格ストレージ	L	19	第3世代民生用小型機器	J
8	高機能素子	L	20	複数インフラ融合型商品	J
9	環境対応部品応用商品	J	21	店舗管理ソリューション	J
10	新インフラ対応機器	J	22	高密度モジュール	J
11	高効率アメニティ	L	23	新エネルギーシステム	L
12	民生用超大型機器	J	24	超高性能検知素子	L
			25	環境対応民生機器	L

発ではない。したがってJ型に分類した。

No. 2　第2世代民生用小型機器　推定：J

「第2世代」であり，「この民生用小型機器は当社の顔である」という記述もあることから，技術的には確立済みであると判断される。したがってJ型。

No. 3　高性能部品　推定：L

「開発目標」の欄で「高密度，高効率を実現する高性能部品技術を開発する」と述べられ，さらに「商品」の欄には「独自構造部品」，「省面積・高効率部品」などとあることから，基本技術に一部，まだ不確定要素を含むものと類推した。したがって分類はL型。

No. 4　民生規格大型機器　推定：J

人員のかけ方は465人と25件のプロジェクト中，飛びぬけて多いが，この民生規格大型機器プロジェクトこそが，人・モノ・金をかけさえすればアウトプットが期待できるJ型の典型である。すでに述べたように，実際，筆者が身近で見ていて，J型/L型分類を想起するきっかけとなったのはまさにこのプロジェクトであった。

No.5　新世代業務用機器　推定：J
　既存事業の機器の一部を改良して性能向上するプロジェクトのようで，開発リスクはほとんどないと考えられる。したがってJ型。

No.6　次世代アメニティ　推定：J
　既存のアメニティ機器の主要部品を，新環境規制対応ものに置き換えるもの。その新しい主要部品そのものも完成しているため，プロジェクト全体の成否としては，リスクはゼロに近いのでJ型。

No.7　新規格ストレージ　推定：L
　業界初の方式の実用化であるので，本来なら文句なくL型と判断される。ただ，資料の説明に「第2世代」の文言があることから，第1世代よりはJ型的色彩が強いと思われる。しかしやはり「新規格」が含意する技術的不確実性に敬意を表してL型とした。

No.8　高機能素子　推定：L
　新しい方式に対応したものであること，基本性能改善のためにデバイスとしても新しい方式を採用したらしいことから，ここでも基本技術にまだ一部不確定要素を含むものと類推し，L型と判断。

No.9　環境対応部品応用商品　推定：J
　すでに開発済みの新環境対応部品を，新たな別の用途に流用しようとするプロジェクトであり，基本的にはリソース投入で解決できる技術課題と判断したので，J型。

No.10　新インフラ対応機器　推定：J
　新しく制定された規格に沿ってシステムを開発し，顧客に納めるためのプロジェクト。J型の典型。

No.11　高効率アメニティ　推定：L
　目標性能で，いくつか具体的な数値があげられている。プロジェクト発足時点でその数値達成のための具体的方策がわかっていることは稀であるから，何らかのブレークスルーが必要と推定した。よってL型。

No.12　民生用超大型機器　推定：J

産業用に開発された独自技術を，民生用に展開するもの。設計を適合させるだけのプロジェクトと判断し，J型。

No.13　環境処理技術　推定：J

第一感はL型に分類されそうなテーマ名であるが，資料の「開発目標」に記載されている経過から見る限り，基本的な化学的処理技術については確立済みであるらしい。したがって残る課題は商品化設計であり，J型である。また，この技術に関してはのちに述べるような，量産化にともなうリスクというのも想定しにくい。

No.14　高性能検知素子　推定：J

高性能といっても他社では商品化・量産化を達成したレベルであるし，また資料の「成果」でも，「本プロジェクトで開発した要素技術をさらに高性能に展開（新プロジェクトに継続）」とあるので，開発リスクが高いとは考えられない。すなわちJ型。

No.15　次世代精密デバイス　推定：L

これは業界こぞって開発競争を繰り広げている技術である。筆者個人的に，現状の実力を見せてもらい，それを基準として目標はなにがし，といったチャレンジングな課題である趣旨の説明も受けている。これは資料に頼るまでもなくL型であると考えられる。

No.16　新出力デバイス　推定：L

No.4とは対照的に，これはL型の典型。「開発目標」に掲げられている「歩留まり改善」（およびその数値）を見ても，その時点で達成の技術的な目途がたっていなかったことがわかる。

No.17　高性能エネルギー装置　推定：L

「開発目標」に「業界最高性能を有する」というフレーズがあり，目標性能でいくつか具体的な数値があげられている。その数値をここに転載はできないが項目としては，出力，効率，低コストなどであり，その水準は世界最高レベルであろう。No.11の高効率アメニティの箇所でも述べたように，プ

ロジェクト発足時点でその数値達成のための具体的方策がわかっていることは稀であるから，何らかのブレークスルーが必要と推定して，L型。

No.18　高性能エネルギー部材　推定：L

これも，上の高性能エネルギー装置とほぼ同じ事情により，推定L型とした。ここでのターゲットは，同じく具体的数値は転記できないものの，エネルギー密度，容積維持率などである。これらの実力も世界トップレベルであるから，到達への道筋は未知のはずである。

No.19　第3世代民生用小型機器　推定：J

No.2の第2世代民生用小型機器の後継プロジェクトであり，世界初の高性能化を意図したものであるが，達成のシナリオはある程度見えている。すなわち，キーコンポーネントや主要アルゴリズムはほぼ完成されたものがあり，それらをアセンブルすることに業界内での意義は認めるが，大胆にリスクをとるという技術開発であるとはいえないのである。また，この種の「セットもの（部品に相対するカテゴリーとしての）」では，量産化時点でのリスクは基本的にはない。

No.20　複数インフラ融合型商品　推定：J

これは筆者自身が企画を担当していたプロジェクトであるため内部事情に精通しているのであるが，それを抜きにして，「開発目標」の欄を見ても「○○○の事業化」という言葉が並ぶことなどからも，J型に分類されるべきプロジェクトであることが推測できる。また，「途中経過」欄に記載された内容を見ても，すでに確立済みの技術を如何に商品化するかがポイントとなっていたプロジェクトであることがわかる。

No.21　店舗管理ソリューション　推定：J

「開発目標」にある表現を拾うと，「店舗管理ソリューションの開発，事業化」，「○○○機能向上開発」，「○○○フィールドテスト完了と商品化」などとあるから，投入したリソースで粛々とこなすプロジェクトであると推定した。そのため，J型。

No. 22　高密度モジュール　推定：J

　上と同様，「開発目標」に記載されている表現によると，「○○○配線プロセス技術の量産展開」などとある。これはすなわち，基礎技術の開発には成功していることを示し，よってこのプロジェクトそのものに開発リスクはほとんどないと推定できるので，J型。

No. 23　新エネルギーシステム　推定：L

　「開発目標」の欄には，半民半官の大手との共同開発であることが示され，量産試作をはじめ，各種素材への順次対応が示されている。そのことだけでL型と断じることはできないが，常識的に考えてもこのテーマは，X工業に限らず，また誇張でなく，数十年間研究室レベルから離陸できないでいるテーマである。この事実だけでもL型と推定するに十分であろう。

No. 24　超高性能検知素子　推定：L

　上のNo.14に高性能検知素子があり，それはJ型としたが，こちらの，さらに高い性能の検知素子はL型とした。なぜなら，No.24の「途中経過」欄には，中間程度の性能の検知素子は量産準備が整っているのに対し，超高性能検知素子は「設計を完了」したものの，まだ「試作を開始」したばかりであり，これからどんな技術的課題に突き当たるか，まったく未知数であるからである。ある種の技術課題としては，新出力デバイスでもあったように，試作はできても量産時の歩留まりが上がらない，というのがひとつの典型である。他にも，量産してみると，試作時のような基本性能が出ない，というのも決して稀ではない。

No. 25　環境対応民生機器　推定：L

　開発目標の文言「効率が現行の約1/2」という相当チャレンジングな数値目標，「他社参入の障壁となる特許網の構築」などから，L型であることがうかがえる。「途中経過」にある「○○○に到達できるメドを得た」という表現も，いかにもL型らしい。

　以上，筆者自身のJ型かL型かの推定は，筆者自身の「技術観」を色濃く

反映している。このことは上でも述べたように，いくつかのテーマでは筆者自身が深くかかわっていたり，予備知識を持っていたり，筆者のバックグラウンドである分野の常識に頼ったり，さらには一般常識までも総動員して推定したものである。この意味においては，少なくともここまでの議論では，この分類法に絶対的な基準や，操作定義を求めるには無理がありそうである。以下の節では，数値的な分類の可能性や，個人差，経歴の影響などを探ることとする。

2 ／ J型/L型分類と数値的分析

前節でのJ型/L型分類に従い，人員・経費・設備投資などの各数字を分析した。結果一覧を表4.3に示す。結論から言うと，J型とL型とで，経費・設備投資・人員などの点で大きな差があるようには見えない。

①人員——一見，平均値に大きな差があるように見える（J型の77.4人に対しL型の54.5人）。しかし，前節で述べたようにNo. 4の民生規格大型機器ひとつだけが極端に人員数が多くなっているので，これをOutlier扱いとし削除して計算しなおすと，J分類残り13件の平均人員は47.5となって，L型のそれと大差がなくなる。

②経費——これはもともと平均値の差が大きい（J/L＝761.5：1009.4）うえに，上述の民生規格大型機器の削除によって，さらに差が広がる（J/L＝607.3：1009.4）。

③設備投資——Outlierを処理しようがしまいが，J型とL型とで大差はなさそうである。

それぞれの分類のボトムライン，すなわち平均などを見て議論すると，上のようになろう。しかし，ひとつひとつの数字を見てみると，J型であっても人員は11人から465人（これを除外した場合の最高は106人）までばらついているし，L型はそれが14人から166人である。このバラツキを見る限り，統計的処理がいかようになろうとも，J型とL型とに有意差を認める意義が

表4.3 J型/L型分類とプロジェクト諸元との関係

No.	J型/L型分類	テーマ	人員（人・年）	経費（百万円）	1人当たり	設備投資（百万円）
21	J	店舗管理ソリューション	16	172	10.8	0
6	J	次世代アメニティ	11	187	17.0	5
20	J	複数インフラ融合型商品	23	202	8.8	8
19	J	第3世代民生用小型機器	38	529	13.9	10
5	J	新世代業務用機器	24	267	11.1	22
10	J	新インフラ対応機器	54	433	8.0	34
14	J	高性能検知素子	91	1137	12.5	56
13	J	環境処理技術	66	701	10.6	92
22	J	高密度モジュール	25	397	15.9	132
2	J	第2世代民生用小型機器	106	2001	18.9	162
1	J	次世代携帯	15	163	10.9	200
9	J	環境対応部品応用商品	56	1352	24.1	340
4	J	民生規格大型機器	465	2766	5.9	350
12	J	民生用超大型機器	93	354	3.8	860
		平均	77.4	761.5	12.3	162.2
		標準偏差	116.0	789.4	5.4	233.1
3	L	高性能部品	133	3638	27.4	0
18	L	高性能エネルギー部材	24	316	13.2	0
25	L	環境対応民生機器	17	178	10.5	4
7	L	新規格ストレージ	30	368	12.3	5
8	L	高機能素子	16	297	18.6	14
11	L	高効率アメニティ	24	414	17.3	73
24	L	超高性能検知素子	33	372	11.3	87
15	L	次世代精密デバイス	64	861	13.5	201
17	L	高性能エネルギー装置	166	2951	17.8	330
23	L	新エネルギーシステム	14	138	9.9	333
16	L	新出力デバイス	78	1570	20.1	447
		平均	54.5	1009.4	15.6	135.8
		標準偏差	51.7	1209.4	5.2	164.4

あるとは思えない。バラツキに多少重なりがあっても明らかに異なった分布であるというのならともかく，J型もL型も，人員が少ないものは10人あまり，多いものは数百人という意味では同じである。

経費については差があるようにも見え，したがって1人当たりの経費も少し差があるようには見える。J型のリソース投入型より，L型のブレークスルー依存型のほうが，1人当たりの経費がかかる，というのは説明としては説得的であろう。それでもなお，個々のバラツキに目を転じるとき，明らかにJ型とL型とでは異なった分布であると断言することをためらわずにいられない。

　設備投資がもっとも象徴的かもしれない。なぜなら，定義上，ブレークスルー依存型のほうが設備投資を必要とするように思われるのに対し，この表4.3の分類ではほとんど差が見られないからである。

　結論を繰り返すと，経費・設備投資・人員などが，J型と，L型とを明確に分けて説明するわけではなさそうである。

3 ╱ 技術系と事務系の対比

　第4章第1節では，筆者自身によるX工業のプロジェクト25件のJ型/L型分類を示したが，筆者以外の同僚（先輩，後輩含む。すなわち，X工業の他業種向け事業部という組織の成員）に同じ作業を依頼した。その際，技術系6人（このうち1人は筆者自身）と事務系6人とに同様にJ型/L型分類をやってもらい，どれほど一致するのか，または一致しないのかを対比することを試みた。まず，技術系6人の結果を表4.4に示す。

　この表中，特許，制御，電気，部品，応用，機械と記されているのはそれぞれの回答者のバックグラウンド，または現在も担当している分野の名称である（筆者は「機械」）。年齢は30代と50代が1人ずつ，残り4人は40代である。ここでの技術系の場合，ほとんどが管理職へ昇進している，あるいは商品企画や事業企画的な業務に転向しているなどの理由により，現役の技術系業務担当者はひとりもいない。

　特許担当を技術系にカウントしている意味について述べておく。まずX工業では特許担当者の多くは理系出身者である。それは特許担当者の第一要件

表4.4 技術系によるJ型/L型分類の結果

No.	テーマ	特許	制御	電気	部品	応用	機械	一致率(*注)
1	次世代端末機器	J	J	L	L	L	J	×
2	第2世代民生用小型機器	J	J	J	J	J	J	◎J
3	高性能部品	J	L	L	L	L	L	
4	民生規格大型機器	J	J	J	J	J	J	◎J
5	新世代業務用機器	J	J	L	J	J	J	○J
6	次世代アメニティ	L	J	L	J	L	J	×
7	新規格ストレージ	L	J	J	J	J	L	
8	高機能素子	L	L	L	J	J	L	
9	環境対応部品応用商品	J	J	J	L	L	J	
10	新インフラ対応機器	J	J	J	J	J	J	◎J
11	高効率アメニティ	L	J	J	J	J	L	
12	民生用超大型機器	J	L	J	J	L	J	
13	環境処理技術	L	L	J	J	J	J	
14	高性能検知素子	J	J	L	J	J	L	
15	次世代精密デバイス	L	L	L	L	L	L	◎L
16	新出力デバイス	L	L	L	L	L	L	◎L
17	高性能エネルギー装置	L	L	L	L	L	L	◎L
18	高性能エネルギー部材	L	L	L	L	L	L	◎L
19	第3世代民生用小型機器	J	J	J	J	J	J	◎J
20	複数インフラ融合型商品	J	J	L	J	J	J	○J
21	店舗管理ソリューション	J	J	J	J	J	J	◎J
22	高密度モジュール	L	L	J	J	J	J	
23	新エネルギーシステム	L	L	L	L	L	L	◎L
24	超高性能検知素子	J	J	J	J	L	L	
25	環境対応民生機器	L	J	L	L	L	L	○L
	◎:○比率							9:4
	J:L比率	13:12	15:10	11:14	17:8	12:13	14:11	82:68
						Jが選択される率54.7%		↑

注:◎は6人全員の意見が一致していることを表し、○は6人中5人の意見が一致していることを表す。◎や○のうしろのJまたはLは、どちらのタイプでの一致かを示している。また、×は6人の意見が3対3に分かれているもの。よって無印のものは、4:2に意見が分かれたものである。

として技術者のボキャブラリーとロジックが理解できる必要があるからと考えてよい。エンジニアから特許担当者への転向組も少なくはないが，理系学部からいきなり知的財産部へ配属になる者も多い。この調査の「特許」と記された回答者も，工学部の電機系の学科を卒業してすぐに特許担当となった者のひとりである。日々の業務も技術に関するものであるから，技術者ほどにひとつの業務の専門性は持ち得ないが，技術系の知識を広く持っていることについては，逆に技術者よりも上と言っても過言ではない。思考枠組みや発想法も技術者のそれと同じと言ってよいだろう。このような意味で，特許担当の回答を技術系の集団に入れて考察した。

同じく，J型/L型分類を事務系の6人にやってもらった結果を表4.5に示す。同様に，回答者が現在も担当している分野を示してある。年齢構成は30代が1人，50代が2人，残り3人は40代と，技術者のグループとほぼ同じである。経理の①～③は，ちょうど順に50代，40代，30代であり，人事も順に50代と40代，企画は40代であった。

これらの表4.4と表4.5を見比べて，まず，全体としてJ型が選ばれる確率について，比較的簡単に検証できることから見てみよう。被験者間での選択が一致する度合いについては次節で議論することとして，上の表4.4と表4.5の単純比較だけからわかることを列挙する。

①技術系・事務系を問わず各個人，および各テーマをすべてならしたうえで，J型とL型が選択される比率は，200：100（25テーマを12人で，のべ300例）
②これを，J型を基準とした表現にすると，J型が選択される確率は67.7%
③技術系だけに限ると，J型が選択される確率は54.7%
④事務系では，J型が選択される確率は78.7%

この③と④の差を検証するための平均値の差の検定を試みるにあたり，ここでは全体をベルヌーイ試行と考え，技術系・事務系のくくりによる二項分布の問題とし，中心極限定理を用いて検定した。その結果が下の⑤と⑥である。

⑤技術系だけに限ると，J型が選択される確率は50%である可能性は否定

表4.5 事務系によるJ型/L型分類の結果

No.	テーマ	経理①	経理②	経理③	企画	人事①	人事②	一致率(*注)
1	次世代端末機器	J	J	L	L	J	J	
2	第2世代民生用小型機器	L	J	J	J	J	J	○J
3	高性能部品	J	J	J	J	J	J	◎J
4	民生規格大型機器	J	J	J	J	J	J	◎J
5	新世代業務用機器	J	J	J	J	J	J	◎J
6	次世代アメニティ	J	J	L	J	J	J	○J
7	新規格ストレージ	J	J	J	J	J	J	◎J
8	高機能素子	L	J	J	J	J	J	○J
9	環境対応部品応用商品	J	J	L	J	J	J	○J
10	新インフラ対応機器	J	J	J	J	J	J	◎J
11	高効率アメニティ	J	J	J	J	J	J	◎J
12	民生用超大型機器	J	J	J	J	L	J	○J
13	環境処理技術	L	J	L	J	L	J	×
14	高性能検知素子	J	J	L	J	J	L	
15	次世代精密デバイス	L	L	L	L	L	J	○L
16	新出力デバイス	L	L	L	L	J	J	×
17	高性能エネルギー装置	L	J	L	L	L	J	
18	高性能エネルギー部材	L	J	J	J	J	J	○J
19	第3世代民生用小型機器	J	J	L	J	J	L	
20	複数インフラ融合型商品	J	J	J	J	J	J	◎J
21	店舗管理ソリューション	J	J	J	J	J	J	◎J
22	高密度モジュール	L	J	J	L	L	J	×
23	新エネルギーシステム	J	J	J	J	J	J	◎J
24	超高性能検知素子	J	J	J	J	L	J	○J
25	環境対応民生機器	L	J	J	J	J	J	○J
	◎：○比率							9：9
	J：L比率	16：9	24：1	15：10	21：4	19：6	23：2	118：32
						Jが選択される率78.7% ↑		

注：◎は6人全員の意見が一致していることを表し，○は6人中5人の意見が一致していることを表す．◎や○のうしろのJまたはLは，どちらのタイプでの一致かを示している．また，×は6人の意見が3対3に分かれているもの．よって無印のものは，4：2に意見が分かれたものである．

表4.6 技術系6人の選択の分布の計算値と実際の値

Jを選ぶ人の数		(4.1)式から算出される確率	実際の発生頻度(25テーマ中)
6	（全員がJ）	0.026689	0.20　（5例）
5	（5人がJで1人だけL）	0.132795	0.08　（2例）
4		0.275307	0.28　（7例）
3		0.304404	0.08　（2例）
2		0.189325	0.12　（3例）
1	（5人がLで1人だけJ）	0.062800	0.08　（2例）
0	（全員がL）	0.008680	0.16　（4例）

できない，すなわち偏りなくJ型/L型が選択される可能性がある
⑥事務系では，J型が選択される確率が50%である可能性は否定され，事務系はJ型に偏った選択をする

さてここからは少し試算をして，技術系，事務系が単なる二項分布に従ってランダムに選択されたのか，あるいは何らかの個々人の間での合意を得て一致度が高くなっているのかを判定してみよう。

まずは技術者についてであるが，技術者間では，J型を選ぶ確率の方がL型よりわずかに高く，54.7%であった。その場合の机上の一致度は算出するのに再度二項分布を用いると，(4.1)式で算出される。

$$f(x) = {}_nC_x p^x (1-p)^{n-x} = {}_nC_x p^x (0.547)^x (1-0.547)^{6-x}, x = 0, 1, \cdots 6 \quad (4.1)$$

ところで，実際に発生した頻度は，表4.4から得られる。たとえば全員がJ型を選んだテーマは25テーマ中5つ，5人がJ型で1人だけL型を選んだテーマは2例……，というふうに読み取れる。こうして，(4.1)式の計算結果と表4.4の実例とを対比させて整理すると，表4.6のようになる。

また，この表4.6の対比をグラフで表すと，図4.2のようになる。この図では，全員がJを選ぶ確率（x軸左端で「6」の表記）と，全員がLを選ぶ確率（x軸で右端で「0」の表記）とは，計算値に比べて実例がはるかに高い値を示し，その分逆に，意見が分かれる場合（x軸中央付近）は，計算値よ

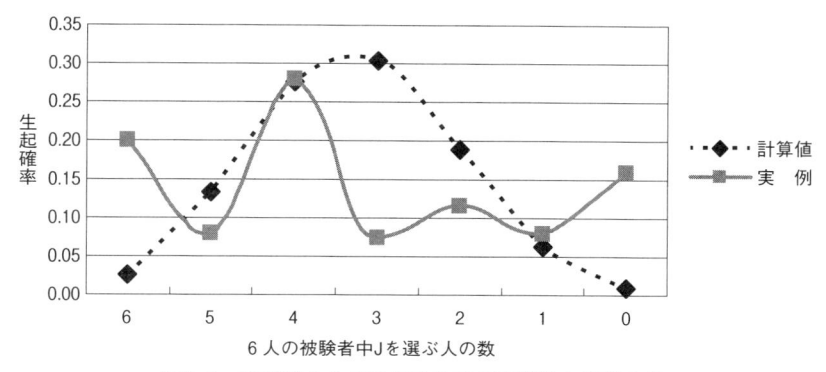

図4.2 技術系6人の選択の分布の計算値と実際の値

表4.7 事務系6人の選択の分布の計算値と実際の値

Jを選ぶ人の数		(4.2)式から算出される確率	実際の発生頻度（25テーマ中）
6	（全員がJ）	0.237601	0.36 （9例）
5	（5人がJで1人だけL）	0.385838	0.32 （8例）
4		0.094209	0.12 （3例）
3		0.304404	0.12 （3例）
2		0.019123	0.04 （1例）
1	（5人がLで1人だけJ）	0.002070	0.04 （1例）
0	（全員がL）	0.000093	0.00 （0例）

り実例のほうが低い値となっていることが，ビジュアルに表現されている。

事務系についても，上の技術系とまったく同様の手順で一致度を調べることとする。事務系については，J型を選ぶ確率の方がL型よりはるかに高く，78.7%であった。その場合の机上の一致度は(4.2)式で算出される。

$$f(x) = {}_nC_x p^x (1-p)^{n-x} = {}_nC_x p^x (0.787)^x (1-0.787)^{6-x}, x = 0, 1, \cdots 6 \quad (4.2)$$

実際に発生した頻度は，表4.5から得られるので，(4.2)式の計算結果と対比させて整理すると，表4.7のようになる。
また，この表4.7の対比をグラフで表すと，図4.3のようになる。

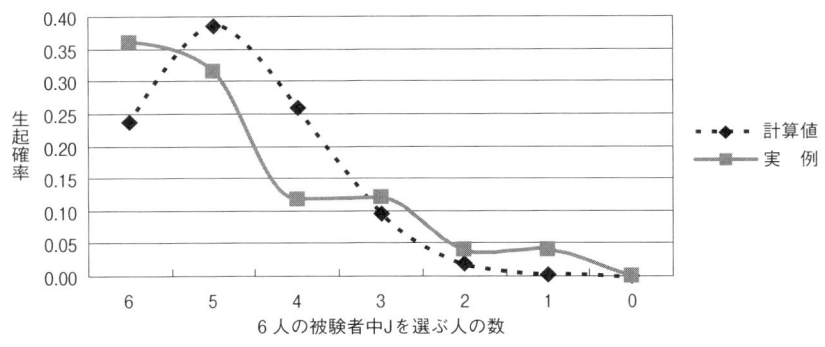

図4.3　事務系6人の選択の分布の計算値と実際の値

　この図では，全員がJ型を選ぶ確率（x軸左端で「6」の表記）で，実例が計算値より少し高くなっているが，その他は計算値に沿って確率が下がっていくように見える。もともと，J型を選ぶ確率が約8割と高いために，「J型で一致」という例は計算，実例とも多くなって当然といえる。

4　議論の整理と今後の展開

　以上の数値分析までで第4章を閉じ，考察は次章以下で述べることとするが，ここで一度，今いる場所を俯瞰しておこう。序章と第1章とで問題意識の萌芽と成長を記述し，第3章ではJ型/L型分類を定義した。さらにこの第4章では技術課題の実例のJ型/L型分類と，それらに対する技術職社員と事務職社員とのものの見方の相違を明らかにした。どうやらJ型/L型分類という概念は，「技術観」として確立することが可能らしいということまでわかってきたといってよいだろう。この現在地から道は分岐して，以降の各章では2つの方向へと歩を進めていくつもりである。2つの道にはそれぞれ，ジャッジメントとマネジメントと名づけよう。ひとつはJ型/L型分類のジャッジメントの奥底を探訪する道であり，次のような問題意識とともに歩む。

- なぜ，人（個人／職種など）によってジャッジメントが違うのか？

- なぜ，人（個人／職種など）はそのジャッジメントを選択するのか？

もうひとつはJ型/L型分類のマネジメントへの応用可能性を探る道であり，次のような理想の地を目指す。

- 意思決定に有効な方策を提供することが可能であるのか？
- もしそうならそれはどのようにして？

以降の章立てとしては，ジャッジメントに関する2つの章とマネジメントに関する2つの章を結びつけるインターフェースとして，事例を中心とした章を間に置いている。その章の事例はジャッジメントとマネジメントにまつわる情報をふんだんに包含したものであることは，言わずもがなであろう。

以上説明した，第4章から第10章のまとめにいたる議論展開の概念図を，図4.4に示す。

では，次の章で，まずはジャッジメントに関する議論を展開していこう。

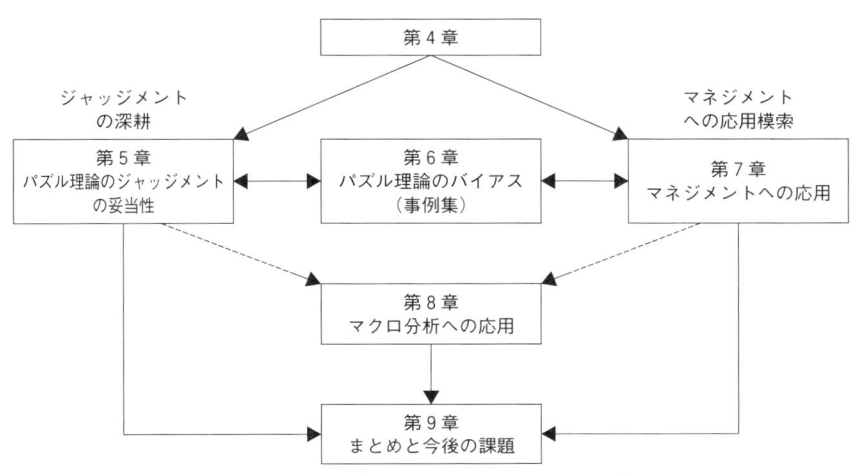

図4.4 第4章以降の議論展開のイメージ

第4章 パズル理論（J型/L型分類）の数値的分析

5 パズル理論のジャッジメントの妥当性

　この章では第4章の結果を仔細に吟味するが、ここでの着眼のポイントは、前章でも述べたように、人による判定基準、ここではジャッジメントと呼ぶ、その一致と相違である。
- なぜ、人（個人／職種など）によってジャッジメントが違うのか？
- なぜ、人（個人／職種など）はそのジャッジメントを選択するのか？

こうした点について、深く考えていこう。

　その前にまずは技術系と事務系との相違について、前章の結果をあらためて考察しておく。最大の特徴はなんと言っても、J型が選択される確率は技術系だけに限ると54.7％であったのに対し、事務系では78.7％もあったことであろう。以降、簡単のために、技術系は50％、事務系は80％であったとして議論を進める。導出については省略するが、平均値の95％信頼区間は、技術系で54.7％±8.2、事務系では78.7％±14.0であったから、このように近似しても許容されよう。前節の分析を考慮して総括すれば、少なくともX工業のプロジェクト25テーマについて、技術者の技術観では、J型すなわちResource Allocation型技術課題＝リソース投入型（人・金・モノ・時間をかけさえすれば必ずアウトプットは出るもの）と、L型すなわちBreakthrough Dependent型技術課題＝ブレークスルー依存型（アウトプットが出るかどうかわからないリスクのあるもの）との相違を認識し、それぞれの存在確率はほぼ等しいと考え、個別テーマに対するJ型/L型分類もそれなりに一致した見方をする。これに対し、事務系の技術観では、X工業のプロジェクト25テーマの8割に対しては、リソースさえかければ技術的成果が得られるものであ

るとの認識で，言い換えると，J型/L型分類そのものにあまり価値を見い出さないといえそうである。

1 / 事務系の技術観と認識

1. 事務系の技術観

　さて，このような顕著な差が生じた原因はどこにあったのだろう。上記の分類に関する意識の調査中に抽出できた意見をまとめると，どうやらそれは対象に対する情報量の相違が大きく影響しているということになりそうである。技術系の50％を一旦脇へ置いて事務系の80％の原因を代表する声を再現すると，これには２つの側面がみられる。ひとつは技術に関する予備知識がないために資料を見ても内容がつかみにくく，判断材料に苦労したということ。もうひとつは，「技術屋さんがお金をかけて仕事として取り組んでいるのだから，必ず結果が出るものと想像している」という建前論に近いものであった。後者はむしろ，経営的に見て，あるいは管理的見地からして，そうでなければ困るという意見といってよいだろう。そのひとつの証しとして，上の言葉に続けて，「まさかノーベル賞ものの研究をやっているわけでもあるまいし」とも述べられたのが象徴的である。ただ，これも職種によると一概に言えないのは，表4.5を縦に見ることによってわかる。最も尖鋭的な意見の持ち主，すなわち25テーマ中，L型は数個しかないというのは，経理②（40代），企画，人事②であった。つまり経理担当だからといって全員が等しく「リソースを投入しているのだからシュアに結果を出してもらえるはず」と考えているわけではないことがわかる。逆に，経理①（50代）や経理③（30代）は，ほぼ技術者並みに，ブレークスルーが必要な技術の存在を意識しているようである。この点は人事①もほぼ同様である。

　事務系の被験者５人は法学部などの文系出身でそのまま事務系の職場に配属されたのであるが（一旦営業を経由して経理や人事といった回答者もいる），人事②だけは異色の経歴を持っている。職務歴としては営業と人事というこ

とであるが，出身は工学部の単科大学で，電気の専攻であったという。その人事②が，25テーマ中L型は2個と，技術系の平均から最も離れた尖鋭的な意見の持ち主のうちのひとりであるというのも興味深い。このたったひとりの実例をもってして断じるのは危険であるが，次のように推論することはできる。上で示したひとつの技術観，「技術屋がお金をかけて仕事として取り組んでいるのだから，必ず結果が出るものと想像している」，これを持つに至るのは，学生時代に何を学んだかというよりは，入社後どういった職務履歴を経たかに左右されたのではないだろうか。この仮説の実証は，今後の研究課題とする。

2. 事務系の認識①：化学と物理

ここで，事務系の被験者から出た意見を記しておく。

「J型/L型分類，リソース集中型対ブレークスルー依存型などというが，実は化学と物理の違いではないのか。つまり，化学はブレークスルーが必要で物理はリソース集中」。この意見は，直感的な理解としてはあり得よう。しかし筆者が提起したい問題とは明らかに違う。物理の世界であまりにも有名なブレークスルーまたはセレンディピティの例は，「体積の測り方を風呂桶の中で思いついたアルキメデスが裸で駆け出した」，「ニュートンはりんごが木から落ちるのを見て地球の重力に気づいた」など。それぞれ，ドラマティックに誇張，脚色された疑いはぬぐいきれないが，「物理はリソース集中」という見方への反証例として挙げてもよいだろう。一方，化学の世界がおおむねL型というのは当たっているかもしれない。例外的用法として次のものを提示しておこう。ある特定の効果を求めて物質を探索する場合，1万通りの可能性を試さねばならないとしたら，普通限られた人数でできるのは何かヒントを思いつくブレークスルーか，ハプニングなどでセレンディピティとして見つかるかである。しかし，この1万通りを人海戦術で実験できるとしたら，これはリソース集中型の技術課題ということになる。これは常識外れ，桁外れの投資によってL型を強引にJ型に変換する例といえる。こ

れについては，のちにも詳しく議論する。

3. 事務系の認識②：状況による変化

　さらに事務系の被験者から出た感想は，J型かL型かというのは状況によって変わるのでは，というものであった。これは一面では的を射ている。もとより，J型/L型分類というのは先輩技術者の何気ないひと言があるまで筆者自身強く意識したことは無かったものである。それまではあまり深く考えることなく，研究所でおこなわれているから「研究」，事業部での営みであるから「開発」といった程度の認識であった。この認識は必ずしも誤っているとは思わないが，状況によっては境界線を柔軟に引きなおすほうが実用的であることは，前の章で議論したとおりである。

　また，「状況によってジャッジメントが変わる」という感覚には，より重要かもしれない別の側面があった。それは上でも少し述べた予備知識に関する議論と本質的に同じポイントを見据えたものである。経理担当者によると，経理がやっている仕事は外から見ていると，極論すると「集計」作業であって，経理に創造性は必要ないと思われているだろうが，そうとばかりは言い切れない，と言うのである。すなわち，経理担当者の日々の業務の多くは，人と時間を投入すればアウトプット（昨今ではそのほとんどが表計算ソフトの集計シート）が出る作業であるにしても，そうでない，クリエイティビティを要する，達成可能かどうか事前にはわからない業務課題というのもあるという。例として次のような命題を考えてみた。「傘下の各部門の事業パフォーマンスを，業態の違いを越えて公平に比較する尺度を考案すること」，「全社方針として在庫削減を徹底したいが，例えば営業部門に抵抗感が強いと予想されるとして，その長にこの方針を納得させるロジックを組み立てて説明できるか」など。以上の例が的を射たものであるかどうかは別の議論になるが，ここでのポイントはやはり専門外の仕事については，日常的には状況を推定することがあまりなく，リソースの問題と片付けがちであるという，いわば「他人の苦労はなかなか親身になって考えられない」という様態である。

経理担当者の指摘であった「状況によるジャッジメントの違い」について，さらにもうひとつの可能性を挙げておくと，ひとつの技術課題でも，会社の都合，職場を取り巻く環境，部署移動などによってL型がJ型になったり，その逆もありうるのではないかという指摘であった。これを換言すると，本書が提起する分類が，絶対的なものというよりも相対的なものであるという指摘であろう。この意味でも，やはり本書の分類は「技術観」の分類であると考えるのが妥当である。さて，実際にJ型/L型分類が環境に左右される状況を想定してみよう。わかりやすい例として，企業秘密を考える。ある製造上の重大なノウハウを有している企業にとって，その製品の次機種開発などの展開はJ型である。ところが他の企業にとっては，そのノウハウを解明すること，あるいは別の方法でキャッチアップすることは，L型の典型のような課題である。この問題をひとつの企業内で考えた場合も，ある技術を構築するまではL型，それ以降はJ型となる例。また，全社内の情報共有が十分でなくて，ある部署にとってJ型である技術課題が，それを知らない他部署にとってはL型となっている例などが実社会では珍しくない。

2 ／技術系の技術観と認識

1. 技術系の技術観

　次に技術者間の個人差にも目を向けておこう。表4.4のボトムラインを見てすぐに気づくのは，「部品」をバックグラウンドにもつ被験者の，相対的なL選択率の低さである。事務系の平均の80％とまでは言わないまでも，技術者としてはかなり高い値を呈している。これが，この個人の持つ技術観に帰するものと考えることも，もちろんできる。しかし部品技術出身ということが一因である可能性もある。ほかの5人は言わば「セット屋」や「セット物の特許屋」であり，技術をシステムトータルで考えることに慣れてきた者たちである。もしもこれまでに論じてきた技術者と非技術者のL選択率の相違が，非技術者の技術の素養の無さに帰することができるとするならば，同

じロジックを「部品」に当てはめようとすると,「部品」は「セット」に造詣が深くないから多くの技術課題がJ型であると判断した,という理屈が成り立ちそうである.

別の仮説としては,逆に「セット屋」は部品やデバイスのことがブラックボックスであるが,これまでの例と違って,門外漢であるからJ型と考えがちであるというよりは,門外漢であるからL型と考えがちであるという仮説も成立しそうである.すなわちセット屋が25個のテーマの中のデバイス関連の物には,「よくわからないがブレークスルーやセレンディピティが要りそうだ」との技術感を持ったとしても不思議ではない.これは事務屋が技術系に対して持った技術観とは180度異なるものではあるが,「セット物技術者出身」である筆者自身の実感としては,こちらを支持する.

2. 技術系の認識①:帰納と演繹

技術系から出されたコメントのひとつは,この分類は単なる帰納と演繹の違いと同じでは,というものであった.この問題を考えるにあたって,まずは基本動作として語義から再確認しておこう.帰納は「個々の特殊な事実や命題の集まりからそこに共通する性質や関係を取り出し,一般的な命題や法則を導き出すこと」(三省堂『大辞林』第二版より)であり,演繹は「諸前提から論理の規則にしたがって必然的に結論を導き出すこと.普通,一般的原理から特殊な原理や事実を導くことをいう」(同上).なるほど,「個々の特殊な事実」を出発点とする帰納とL型とは親和性が良さそうであるし,「必然的に結論を導き出す」と言う意味では演繹とJ型とは整合的に見える.しかしながら,本書では次に述べるような理由により,帰納的手法すなわちブレークスルー依存あるいは,演繹的手法すなわちリソース投入という図式には異を唱える.まずは本書のJ型とL型の定義の適用を考えるとき,帰納法のように特殊から一般を志向するからと言って,完成するかどうかのリスクがあるとは限らないし,演繹法のように一般から特殊を目指すからといって,リソースをかけさえすれば必ずアウトプットが出るものでもない.

もう少し具体的に考えよう。新出力デバイスの寿命として特定の時間を目指すとき，その課題に取り組む手法は，実験の積み重ね，すなわち帰納的であるかもしれないし，周辺の理論を総動員して対応策を推論，すなわち演繹的であるかもしれない。あるいはその両者の間を行きつ戻りつするのが現実世界での技術課題解決の典型であろう。この新出力デバイスの例の場合，どんな手法を採ったとしても，アウトプットが出るかどうかわからないリスクのあるものとしてL型に位置づけることはすでに述べてきている。逆にリソース投入型の典型としてあげたのは民生規格大型機器の開発であった。これもその中身を覗いてみると，エンジニアたちは時には特殊な状態での実験結果を得て民生規格大型機器一般に適用したであろうし，また既知の数式や理論を応用してターゲットである民生規格大型機器にあてはまる原理を導いたに違いない。

　このように考えてくると，帰納/演繹という区分とJ型/L型分類とは存在する次元が異なっているということに帰着しそうである。端的に言って，前者は文字通り手法の問題であって，本書が問題にしている後者は，技術課題そのものが持つ属性に着目しているのであり，しかも絶対性より相対性を重んじて技術観として捉えようとするものである。前の章では，研究・開発の分類とJ型/L型分類とを2次元的に併置してパースペクティブを与えた。しかし上のように，帰納/演繹とJ型/L型分類との次元を議論するならば，実は研究・開発の分類は，両者の中間の次元に存在しそうであり，そうであるならば，研究・開発の分類とJ型/L型分類とを2次元的に併置するのは理論的・観念的な厳密性には目をつぶって，実用面の利便性を強調するために用いた便法であったといえるのかもしれない。この議論については今後の課題とする。

3. 技術系の認識②：特許性

　技術系から出された意見のうち掘り下げておくべきもうひとつのものは，J型/L型分類と特許性[1]との相関である。容易に想像できるように，その主

張とは，L型の技術課題は，それが解決されたときに特許になりやすいのでは，というものである。その言論はおおむね合っているといってよいだろう。しかし，前の章で研究・開発軸とJ型/L型軸とは厳密には直交していなくて，完全に独立した次元ではないことを述べたが，そのことと同じような様相で，L型の技術課題すなわち特許性が高いとは限らない。詳しく説明しよう。

まずはJ型技術から。この場合一般には，リソース集中さえすれば解決される課題というのは特許にならない。しかしそれでも特許になる例をあげると，あるパラメータを決定するのに実験を繰り返して絶妙の値を設定できたとするならば，その「マジック・ナンバー」には特許性がある。特許出願には必ずしも理論的な裏づけは要求されないので，「この値にするとうまくいく」という事実だけで，権利主張が可能なのである。

逆に，L型でありながら，特許性のない例もいくつも考えられる。シナリオをあげると，数十グラムにおよぶ端末機器の軽量化を，部品単位で順調に積み上げてきたものの（もちろんここまではJ型の典型例），最後の1グラムを削減できないために目標数値をクリアできない。これを打ち破ったのが，思い切った全体の構成の変更であった，あるいは偶然に発見された代替部品であった，というような場合。このシナリオでは「最後の1グラムを削減する」というのが本書の定義ではL型ではあるが，ここには特許性はまずないのである。

ここまではJ型/L型分類そのものの成否を問うてきたつもりである。結論として断定的に述べるには時期尚早であると考えるが，少なくとも技術屋同士はこういった感覚をある種の「技術観」として醸成していそうである。また事務屋は事務屋で，技術屋とはまた違った，しかもばらつきも大きいものの，事務屋なりの「技術観」と呼べそうなものを共有していそうである。このような意味において，J型/L型分類そのものは絶対的なものというよりは相対的なものであり，まさしく「技術観」と呼ぶのが相応しい。

1　特許として成立しやすいか否かをこのように呼ぶ。なお，技術秘匿のために特許出願を見送るといったポリティカルな意思決定についてここでは議論しないことは，言わずもがなであろう。

3 / 組織内階層別リスク認識

前節までは技術系と事務系との対比を描いてきたが，この節では組織内の階層の違いを中心に議論する。

1. 組織内階層における認識

ここでまず強調しておきたいのは，技術者自身，自分のテーマがJ型/L型のどちらか，意識していることはほとんどないし，その必要もなかったということである。これは第4章で述べた技術者へのインタビューでも確かめられたことであるし，また筆者自身の実感でもある。しかし，あくまでも「意識していない」のであって，少しでもきっかけを与えられて考えてみれば，技術者は自分のテーマがJ型/L型のどちらに属するのか容易に判断できる，というのが，筆者がここでの議論の出発点としたいポイントである。

技術者は自分のテーマがJ型/L型のどちらに属するのか，少しでも考えてみれば容易に判断できるのに，それを自然に行う者はあまりいない。いわんや，その判断が直属の上司や，そのまた上の上層部に伝わる例など皆無といってよい。

実務担当者の認識という点では，ここでもうひとつの論点に思い当たるだろう。J型/L型分類は「技術観」であって，ある1つの技術に対しても解釈が異なることである。技術者の意見が必ずしもいつも一致するわけではないというのは，第4章で詳述したとおりである。本書での調査からは，同じ仕事を分担している担当者同士の判定が分かれる可能性も，なしとはしない。

立場が変わって，では上司に，自分の部下が抱える課題の属性判断はついているのだろうか。現場の課長レベルなら，担当者同様，何かのトリガーによって熟考する機会を与えられれば，答えはイエスとなるであろう。自分の部下たちの仕事が，J型/L型のどちらであるか，下位のマネジャークラスなら，少し考えれば結論に達するだろう。しかしここでもやはり，そうして考

えはじめるきっかけやインセンティブは，普通は現場のマネジャーたちに与えられることはない。さらにこれが部長クラスあたりになってくると，現場の担当者の仕事区分（J型/L型のどちらか）の認識は相当あやしくなる。

こうして最終的に，あるプロジェクトの有力なリスク判断材料であるJ型であるのかL型であるのかという情報が，大事な決定を下す上級管理職に届けられる例は皆無といってよい。

2. 技術者のメンタリティ

既述のように，金井（1991）は大企業の研究所のマネジャーたちへのインタビューから，「同一の研究所内でさえ企業における研究のあり方に対して驚くほど対照的な基本的発想の分化が見られた」（金井, 1991, p. 188）ことを見いだし，それらをコズモロジーⅠ（蓄積型モデル）とコズモロジーⅡ（即応型モデル）とに描き分けている。既出の表2.6からここでの脈絡に即した部分だけを抜粋し，表5.1に再掲する。

特記すべきは，「蓄積型と即応型の対比は，必ずしもそれぞれ伝統的な基礎研究，応用研究という区別に対応しないことにも注意を促したい。即応型の1グループでは，研究担当者の38％が基礎研究に従事していた」（金井, 1991, p. 189）という指摘であった。この「コズモロジー」が，各個人が属する組織の形式の枠を越えた，各個人が持つ「技術観」を描いたものであろうと推測する所以である。ここで金井は「基礎研究，応用研究という区別」を対照させているが，これは調査対象組織が「研究所」であったことを鑑みてのことであろう。本書のコンテクストに馴染ませるため，「基礎研究・応用研究」を「研究・開発」と読み替えても金井の論旨を歪めるものではないだろう。さてそうしたときに，上の表現は「蓄積型と即応型の対比は，必ずしもそれぞれ伝統的な研究，開発という区別に対応しない」というようになる。では何と対応するのか。そもそも対応するものがなくてもなんの不都合もありはしないが，少し考えてみよう。

あくまで空想にしか過ぎないが，コズモロジーⅠが本書で言うL型テーマ

表5.1 研究リーダーの抱く対照的コズモロジー （表2.6からの抜粋）

	コズモロジーⅠ （蓄積型モデル）	コズモロジーⅡ （即応型モデル）
・研究グループの役割	・研究所に属する限り，他の部署では望めないような基幹技術の蓄積をめざすべきである。	・企業の研究所に属する研究グループであるから，製品につながる成果をあげて，企業の利益につながるものを提案すべきである。
・研究者にとっての喜び，報酬	・自らめざしたことを成し遂げて自分を伸ばす。製造部門を越えて，ユーザー（顧客）にアピールできるだけの蓄積をおこない，社内的な短期的圧力にとらわれず前進すること。	・製品にアプライできる技術を実現させて，開発成果が多方面で使われるだけの実績をもち，事業部の製造部門から喜ばれるようなモノを生み出すこと。
・有効なリーダー行動	・自主性を尊重して，おおまかなガイドラインを示す。 ・蓄積にならないその場限りの「へんな」研究はやめさせようとする。	・日課をきっちり定めて，努力・緊張を維持させる。 ・製造部門が困っているときに助けられるだけの実力の養成を主眼とする。

出所：金井，1991，p.183

のメンバーであり，コズモロジーⅡがJ型テーマのメンバーであるという照合は，極めて馴染みがよいのではないだろうか。概念の出発点が異なるし，それぞれの分類がまったく次元を異にするものであることは承知の上で，である。筆者が論じたいのは，2つの概念の合同や一致ではなくあくまでも整合性のよさである。コズモロジーⅠを抱く技術者がL型の技術課題に取り組んでいる姿を想像するとき，それはきっと本人にとっても組織にとっても幸せな構図であるに違いない。コズモロジーⅡとJ型のコンビネーションも，高いモチベーションを維持できそうである。

しかしそれぞれが逆の場合は，自らが置かれた状況とそれの認識の典型的なミスマッチが生じている状態と言えるのではないだろうか。コズモロジーⅠを抱く技術者が，もしも自らが取り組む課題がJ型であると認識しているような状況にあったとしたら，それは不幸な組み合わせであることが推察できる。「（基幹技術を蓄積すべき）自分としては，（リソース投入で済む）こんなタイプの技術に取り組んでいるべきではないのに」といった心境であろう。

逆にコズモロジーⅡを抱く技術者が，L型の業務に従事しているとしたら，居心地が悪い状況である可能性はあるものの，この取り合わせは，コズモロジーⅠ＋J型ほどでない場合も十分に考えられる。

まずJ型の技術課題が，表5.1のコズモロジーⅠ欄のキーワードのひとつ「基幹技術の蓄積」である可能性は低い。むしろ上述のように，「蓄積にならないその場限りの『へんな』研究」を担当させられている」というメンタリティが懸念される。ところが，同様にL型の技術課題と表5.1のコズモロジーⅡの相性を推し量るとき，必ずしも悪いとは限らないことに気づく。L型であっても，すぐに「製品につながる成果をあげて，企業の利益につながるもの」であるかもしれないことは，機器の軽量化の例などを挙げて何度も述べてきた。「製品にアプライできる技術を実現させ」るためのL型技術課題も，十分に成立する。

とはいえ，L型と無理なく調和するのは表5.1の左側，コズモロジーⅠであり，J型と親和性が高いのは表5.1の右側コズモロジーⅡであるという説明は，納得性が高いのではないだろうか。

ここまでの行程は，きわめてバラエティに富んだトピックスの連続であった。しかしジャッジメントの道程全体でいうと中間点でしかない。

4　J型/L型分類のジャッジメントの根底にあるもの

次に，前章の終わりから2つに分岐した道のうち最初（図4.4の左側半分）のジャッジメントに関する総括を行う。具体的にはこれまでのすべての記述を以下の観点で凝縮し，人々がJ型/L型分類する際の判断の根底に潜むものを抽出することを目的とする。

➢人々がL型だと思う理由
➢資源投入だけでは解決できないもの（＝人々がJ型ではないと考える理由）
➢技術そのもののように見えて，人の判断

5 ／L型の判断基準

　第一次の手順として，本書の記述の中からL型だと判断された理由のキーワード候補として，以下の20個を一旦摘出してみた。

- ✓ 未知のテーマ（開発経験なし）
- ✓ 到達への道筋は未知
- ✓ 失敗のリスクあり
- ✓ 世界一，世界最高レベル
- ✓ 未達に終わるおそれもあった
- ✓ 所与の地図がない
- ✓ 目標すら存在しない
- ✓ 感性に訴えかける
- ✓ 思いつきそのものが命
- ✓ 擬セレンディピティ
- ✓ 高密度，低消費電力を実現する高性能
- ✓ 独自構造
- ✓ 省面積・低電力
- ✓ 業界初，業界最高性能，新方式
- ✓ 具体的な数値目標性能
- ✓ 開発目標が歩留まり改善
- ✓ 試作段階
- ✓ 他社参入の障壁となる特許網の構築
- ✓ 偶然のファクターが非常に大きい
- ✓ スケジュールがたちにくい

　なおこれらは第1章，第2章からの抜粋が中心であるが，一部第3章やその他の章からも，さらにはこれより後の章からも先取りして抽出している。また，かなりの部分は筆者自身の判断基準であるが，いくつかはインタビューを通して得られたキーワードや，先行研究中の描写も含まれている。
　第二次の手順は上の20のキーワードについての考察であり，その結果，次の5つの大分類の傘下にキーワードを系統付けることが可能であると仮定した。

予測不能性／技術的不確実性／技術的先行性／
数値的目標／非技術的要素

　こうして得た5つの題目と20のキーワードを一覧に収めたのが表5.1であり，暫定的にこれをL型の判断基準のキーワードとしておこう。
　ところが，である。この表5.1を精察すると，次のことに気づく。J型/L型分類のそもそもの定義である，

**　　J型：人・金・モノ・時間をかけさえすれば必ずアウトプットは出るもの**

表5.2 判断基準のキーワード（仮）

予測不能性	技術的不確実性	技術的先行性	数値的目標	非技術的要素
・未知のテーマ（開発経験なし） ・到達への道筋は未知 ・所与の地図がない ・目標すら存在しない ・スケジュールがたちにくい	・失敗のリスクあり／未達に終わるおそれ ・チャレンジング ・試作段階 ・偶然のファクターが非常に大きい ・(擬)セレンディピティ	・世界一，世界最高レベル ・業界初，業界最高性能，新方式 ・独自構造 ・他社参入の障壁となる特許網の構築	・具体的な数値目標性能 ・高密度，低消費電力を実現する高性能 ・省面積・低電力 ・開発目標が歩留まり改善	・感性に訴えかける ・思いつきそのものが命

L型：アウトプットが出るかどうかわからないリスクのあるもの
に照らして，表5.2で真にL型の定義に沿っているといえるのは，予測不能性，技術的不確実性，非技術的要素の3つの題目，あるいはそこに分類されたキーワード計12個だけである。逆に言うと，技術的先行性と数値的目標は誤りの源泉となる可能性があり，細心の注意が必要な項目である。以下でそれを説明しよう。

まずは技術的先行性から。そこにカテゴライズされた文言は，世界一，世界最高，業界初，業界最高性能，独自構造，特許など，いかにもブレークスルーの所産であるかのような印象を与えるものばかりである。確かにこれらの形容詞を与えられた技術の多くはL型であった可能性が高い。しかしたとえば，本書では序章以来再三引き合いに出したように，X工業の民生規格大型機器は，業界一番乗りの市場化であったとしても，L型のプロジェクトではなかったのである。技術的先行性があったからといってすべてがL型であるわけではない。表現を変えるなら，技術的先行性と結びついた技術課題はL型である可能性は高いものの，そのことだけでL型の十分条件であるとはいえないのである。

次に数値的目標について。これはひと言でいうなら，程度次第でJ型にもL型にもなりうるのであった。例としてあげたのは，端末機器の軽量化で，

丹念に理詰めで追い込める領域での軽量化はJ型であるとしても，数値上の壁にぶつかったときにそれを打破するアイデアこそが文字通りのL型である。軽量化以外の数値的目標，すなわち高密度，低消費電力を実現する高性能，省面積・低電力，歩留まり改善，すべて同様である。前の段落の技術的先行性と同様，表現を変えてまとめるならば，明確な数値的目標を持った技術課題は，J型である場合が多いかもしれないが，L型の可能性も秘めているのである。

　確率的に考えるならば，技術的先行性はL型である確率は高いかもしれないが，L型の十分条件であるとはいえない。一方それとは対照的に数値的目標はJ型である確率が高いが，L型の可能性も少なからずある。ゆえにこれらは，L型を判定するためのキーワード足りえないと，あらためて強調しておこう。それではなぜ，この節のはじめで，L型だと判断された理由のキーワードを摘出したときに，一旦これらも選ばれたのか。それは，L型の判断理由とされた表現では技術的先行性，または数値的目標が鍵であるように見えて，実際はそれ以外の要素が支配的であったのである。もう明らかだろう，それ以外の要素とは，予測不能性，技術的不確実性，非技術的要素，これらのどれかが，技術的先行性または数値的目標と並存していたのである。

　この点に関して，まず「技術的先行性」に関する例を示そう。「世界一薄型の主要パーツを目標としたが，これは未達に終わるおそれもあったテーマである」。この場合，「世界一薄型」という条件だけなら，もしかするとリソースを投入して世界中から部品を探し集めれば達成できる課題であった可能性もある。しかし「未達に終わるおそれもあった」という説明が示すものは，世界一を実現するためにはそれまでの設計の延長では済まされず，何か大胆なアイデアが必要であったことである。したがって「世界一」単独ではそれだけでL型という判断はできなかったのである。

　続いて「数値的目標」での例だが，ひとつはこれまでに何度も言及してきた新出力デバイスの寿命である。表面上の目標は寿命に関して，ある定められた目標数値をクリアすることが課題であったが，そのことゆえにL型であ

るはずはなく，その達成のための方策が見えていないことが，L型であることの判断要因であったのである。材質成分だとすれば，その原料を探り当てることだけですでにセレンディピティを要する。製法がネックであるなら，現状の製法のどこに問題があるのかを突き止めるところから始めねばならない。使いこなしに解決の鍵があるのか，あるとしたらそれは具体的にはどんなアルゴリズムかなど，目標の寿命を得るためにはこうした疑問をひとつひとつ解明して，どれかが主因であったのか，あるいは複合的なものであったのか，こうしたことを探り当てねばならないのであった。

　数値的目標だけでなく，付帯状況も含めてL型であると判断されたもうひとつの例として，高性能エネルギー装置をあげておこう。そのテーマは開発目標が「業界最高性能を有すること」であり，それは出力，効率，コストなどの水準が世界最高レベルであること，であるという。しかしこれだけでL型と判断できでないことはこれまでの論旨どおりである。それに続く説明として，プロジェクト発足時点でその数値達成のための具体的方策がわかっていることは稀であるとの判断がなされている。すなわち，到達への道筋は未知であり，未達に終わるおそれもあったのである。まさしく予測不能で，技術的に不確実であったからこその，L型判定であった。

　ここまでの議論を総括しよう。ある種の基準，すなわち，それによってL型技術課題であると判断したと考えられるもののうち本当の意味でその基準となるのは，表5.3に抽出した予測不能性，技術的不確実性，非技術的要素の3つの題目，もっと噛み砕けば，そこに分類されたキーワードだけである。逆に，技術的先行性と数値的目標，またはそこにカテゴライズされた魅力溢れるワーディング（表5.4）は見かけと違い，それだけではJ型/L型分類判定の材料とはならない。もしも技術課題の第一印象が表5.4に記されたようなキーワードのものであったなら，その背後に潜む真の試金石を探さねば正確な判断はできない。L型であるための試金石とは，上述のように，予測不能性，技術的不確実性，非技術的要素の3つの題目，あるいはそこに分類されたキーワードである。

表5.3　L型と判断される基準のキーワード

予測 不能性	技術的 不確実性	非技術的 要素
・未知のテーマ（開発経験なし） ・到達への道筋は未知 ・所与の地図がない ・目標すら存在しない ・スケジュールがたちにくい	・失敗のリスクあり／未達に終わるおそれ ・チャレンジング ・試作段階 ・偶然のファクターが非常に大きい ・（擬）セレンディピティ	・感性に訴えかける ・思いつきそのものが命

表5.4　J型/L型判定の決め手とはならない要注意キーワード

技術的先行性	数値的目標
・世界一，世界最高レベル ・業界初，業界最高性能，新方式 ・独自構造 ・他社参入の障壁となる特許網の構築	・具体的な数値目標性能 ・高密度，低消費電力を実現する高性能 ・省面積・低電力 ・開発目標が歩留まり改善

蛇足ながら，表5.3および表5.4に示したキーワードはあくまで本書で取り扱った実例や文献から抽出した例であり，これ以外にもそれぞれの分類に属すべき判断基準はいくつも存在することは言うまでもない。

6　技術系と事務系のジャッジメントの根底にあるもの

技術課題25テーマのJ型/L型分類について，第4章では技術系と事務系の判断全体を比較した。ここでは，個別の技術テーマごとに比較することによって，技術系と事務系の判断の根底にあるものが抽出できるか否かを検討する。表5.5は，表4.4と表4.5の被験者個人の部分，すなわちそれぞれ6列ずつを除いて合体したものである。これにより，表5.5の右の2列を見比べることができ，技術系と事務系の判断をテーマごとに比較することが可能となっている。すでに述べたように，事務系ではL型で被験者の意見がほぼ一致したのは次世代精密デバイスだけであり，残りのうち17テーマでは全員もしくは一人を除いて5人がJ型で，ほぼ意見の一致をみている。事務系のさらに残

表5.5 技術系と事務系との判断比較

No.	テーマ	技術系	事務系
1	次世代端末機器	×	
2	第2世代民生用小型機器	◎J	○J
3	高性能部品		○J
4	民生規格大型機器	◎J	○J
5	新世代業務用機器	○J	○J
6	次世代アメニティ	×	○J
7	新規格ストレージ		○J
8	高機能素子		○J
9	環境対応部品応用商品		○J
10	新インフラ対応機器	◎J	○J
11	高効率アメニティ		○J
12	民生用超大型機器		○J
13	環境処理技術		×
14	高性能検知素子		
15	次世代精密デバイス	◎L	○L
16	新出力デバイス	○L	×
17	高性能エネルギー装置	◎L	
18	**高性能エネルギー部材**	◎L	○J
19	第3世代民生用小型機器	◎J	
20	複数インフラ融合型商品	○J	○J
21	店舗管理ソリューション	◎J	○J
22	高密度モジュール		×
23	**新エネルギーシステム**	◎L	○J
24	超高性能検知素子		○J
25	**環境対応民生機器**	○L	○J

注：◎は6人全員の意見が一致していることを表し，○は6人中5人の意見が一致していることを表す。◎や○のうしろのJまたはLは，どちらのタイプでの一致かを示している。また，×は6人の意見が3対3に分かれているもの。よって無印のものは，4：2に意見が分かれたものである。

り7テーマは，6人の意見が割れたもので，すなわち3対3か4対2である。

　一方，技術系ではL型で6人または5人が一致したものが6件，J型が7件で，残り12件は意見が割れたものであった。容易に類推できるように，技術系と事務系とがL型で一致したのは次世代精密デバイスだけであった。ま

た，技術系がJ型で一致したものは事務系もすべてJ型で一致している．

　注目すべきは次世代精密デバイス以外の技術系のL型一致テーマ5件であるが，そのうち2件の技術系L型一致テーマは，新出力デバイスと高性能エネルギー装置であったが，これらについては事務系の意見は割れていた．そして残り3件は事務系ではまったく逆にJ型で一致となっている．それらは高性能エネルギー部材，新エネルギーシステム，環境対応民生機器であった．この3件，すなわち技術系と事務系の判断が反転している例について考えてみるのがこの節のテーマである．

　まず表4.1でサンプルを示したプロジェクト一覧表の表現に立ち戻ってみる．そこの高性能エネルギー部材の欄には数種の数値的ターゲットしか書かれていない．これだけの情報でも，技術系はこれらの実力が世界トップレベルであることを看破し，いやそれよりもっと重要なのは前節で議論したように，目標達成への道筋が未知のはず，との判断をしたであろうことである．一方の事務系の人々にとっては，数値的ターゲットだけしか書かれていないプロジェクトでは，J型を選択するしかなかった可能性が高い．

　新エネルギーシステムの「開発目標」の欄には，公的機関との共同開発であることが示され，量産試作をはじめ各種燃料への順次対応が記されているだけであるから，そのことだけでL型と断じることはできない．しかしここでもやはり技術者は，「常識」を動員して，X工業に限らずどの企業・組織も数十年間，研究室レベルから離陸させ得ないテーマであるからL型と推定したのであり，そういった予備知識がない事務系の社員たちは素直にJ型と判定したのだろう．

　環境対応民生機器の開発目標の文言には「エネルギー消費が現行の1／2」という数値目標があるが，これを技術者は相当「チャレンジングな（失敗のリスクのある）ゴール」と判断し，事務屋はそうではなかったのだろう．同様に，「……に到達できるメドを得た」という表現がいかにもL型らしい，という直感も，技術者にだけ働くものなのかもしれない．

　以上の推論を簡単にまとめておこう．ある技術テーマをJ型/L型分類する

に際し，提示された情報の中に，予測不能性，技術的不確実性，非技術的要素などL型を象徴するキーワードがなく，技術的先行性と数値的目標に関するものしか発見できない場合，事務系の人々は素直にJ型であると判断するしかない。これに対し技術系の人々は，自分が持つ予備知識や技術一般の常識などを総動員して，L型である可能性を自らもう一度判断しうるのであった。

7 ジャッジメントに関する探訪の総括

　さて，第4章の終わりから分岐したジャッジメントとマネジメントという2つの道のうち，この章ではジャッジメントについて探訪してきたが，人々に判断の根底にあるものに達することができただろうか。

　第4章での発見，J型が選択される確率は技術系社員では50％，事務系社員では80％であったことを出発点として，この章の前半では事務系社員がJ型を選好する原因を次のように仮定した。まず技術に関する予備知識がないために判断材料に苦労したということに加えて，さらに投資するからには結果が伴うはずであるという建前論に近いものである。後者はむしろ，経営的，管理的見地からして，そうでなければ困るという事務屋の技術観といってもよいだろう。

　この章で出会った技術観の数々には，必ずしもすべてが本書の概念と整合するとは限らないものの，興味深いものの見方を包含するものがあった。

　事務系では，
- ➤ J型/L型分類は化学と物理の違いではないのか
- ➤ J型かL型かというのは状況によって変わるのでは
- ➤ 専門外の仕事については日常的には状況を推定することがあまりなくリソースの問題と片付けがちである
- ➤ 会社の都合，職場を取り巻く環境，部署移動などによってL型がJ型になったり，その逆もありうるのではないか

技術系では，
> ➤ 技術者間でもバックグラウンドによる個人差があること
> ➤ この分類は単なる帰納と演繹の違いと同じでは
> ➤ J型/L型分類と特許性との相関はあるのか

などであった。

　この章ではまた，組織内でのリスク認識の諸相にも議論が及んだ。ひとつは組織内の階層の違いによるJ型/L型分類への意識の深度の相違があった。すなわち，担当者レベルに近いほど，全員では到底ないにせよ，J型/L型分類を認識する者が相対的に多いことと，また同じく担当者レベルに近いほど，J型/L型分類の判断が正しい可能性とであった。

　第5章のユニークな議論は，技術者のもうひとつのメンタリティとの一致/不一致の問題である。技術者の研究のあり方に対してもつ世界観に蓄積型モデルと即応型モデルとがあるとして，これと実際に担当している職務がJ型テーマかL型テーマか，もしくは担当者自身がどちらと認識しているのかというのは，幸運にも一致している場合（蓄積型とL型，即応型とJ型）と，そうでない逆の場合とでは，モチベーションに雲泥の差が生じる可能性を指摘した。

　上記のように，第5章前半がジャッジメントの問題に関するバラエティに富んだスポット巡りであったとたとえるなら，後半はJ型/L型分類の判断過程のもっとも根幹に関わる場所への探索である。第1の到達点は，L型技術課題と判断される基準のキーワードとして，予測不能性，技術的不確実性，非技術的要素の3つの題目とそのサブセット12個を設定した。換言すれば技術テーマの描写にそれらのキーワードがあれば，自動的にL型と判定して誤りを犯すことがない道標である。逆に，技術的先行性と数値的目標にカテゴライズされるワードの数々は，見かけと違いそれだけではL判定の材料とはならないばかりか，誤判断の誘引となりうるものである。もしも技術課題の第一印象がその種のものであったなら，その背後に潜む上述のL型であるための試金石を探し当てるまでは，J型に留めて置かねばならない。

この第1の到達点を基準として次に到達したのは，事務系と技術系との根源的な判断プロセスの相違であった。事務系の人々は，ある技術テーマをJ型/L型分類するに際し，提示された情報の中に予測不能性，技術的不確実性，非技術的要素などL型を象徴するキーワードがなく技術的先行性と数値的目標に関するものしか発見できない場合，従順にJ型であると判断するしかない。これに対し技術系の人々は，自分が持つ予備知識や技術一般の常識などを総動員して行間を読み，予測不能性，技術的不確実性，非技術的要素などを見い出したときにはL型であるという判断を自ら下しうるのであった。
　この道に分岐するに当たって，第5章のはじめにあげた着眼点は，次のようなものであった。
- なぜ，人（個人／職種など）によってジャッジメントが違うのか？
- なぜ，人（個人／職種など）はそのジャッジメントを選択するのか？

ジャッジメントの道のりの終点にあって振り返るとき，これらの問題に対する一定の答えを探し出すことはできたと考えている。
　以上でジャッジメントに関する旅程を終え，次いで第2の岐路であるマネジメントへの応用の道へ分け入る。それへの水先案内として次の章では，J型/L型分類に関するジャッジメントとマネジメントとが交錯する事例をいくつか描く。

6 パズル理論のバイアス
――3事例に学ぶ

　この章で述べる事例は，J型/L型分類のジャッジメントの問題とマネジメントの問題とが交錯する舞台として描く。ここでの事例は基本的には，筆者自身が経験したこと，筆者の周辺で起きたこと，筆者が伝聞として知り得たことなどが中心であるが，ごく一部，民生用小型機器の例などで，補助的に社内報の記載を参照している。

1　事例 ――L型（ブレークスルー依存型）でありながら　　　　J型（リソース投入型）として扱われた事例

　ここからは，本書の分類が活かせたかもしれない事例をいくつか提示しよう。はじめに採り上げるのは，第1章の最終節で問題意識の総括としてあげた事例である。これは深く考察するのにふさわしい実例であるので，以下に再掲し，後日談なども加えながら考察することとする。

　X工業のQ氏は国内営業畑出身でありながら，ほぼゼロから端末機器事業を立ち上げ，数年間で数千億円を売り上げる事業へと育て上げた。この事業への参入メーカーとしては，X工業は最後発であったとも言われている。他のほとんどの端末機器メーカー同様，X工業は技術的には事前に存在した端末機器の規格を具現化したに過ぎない。換言するならば，後発メーカーとして出発し，有数の端末機器サプライヤーへ到達する道のりを克服したのは，経営者として人・モノ・金をどれだけ大胆に投入できたかであって，技術的ブレークスルーがあったからではない。もちろん細部でいろいろな工夫があったであろうことは，想像に難くない。しかし技術的な包括的ストーリー

全体としては，すでに存在する端末機器の規格を具現化したに過ぎないのである。Q氏の経営者としての才能，それについていった部下たちの忠臣ぶりは，技術開発とは別の物語である。

　端末機器事業が軌道に乗った頃，Q氏は新しい出力デバイスの開発と，それの端末機器機への搭載とを顧客企業に約束する。その，旧式の出力デバイスよりも好ましい出力を持つ新出力デバイスはすでに基本開発は終えており，寿命の確保という実用上の課題を残すのみであった。Q氏はその課題を解決するためには十分すぎると思えるほどの技術者を投入した。Q氏にとってみれば，ゼロから端末機器事業を立ち上げたことにくらべれば失敗するはずがないように見えたこの課題の解決に，技術陣は失敗した。寿命の確保はリソースの投入だけでなしうるのではなく，何らかの発見や偶然，すなわちブレークスルーが不可欠であったのである。ブレークスルーを必要とした「研究」段階であったことは明らかであろう。基本開発は終えていたとしても，寿命の確保という，実用上極めて大きな課題を残していた。

　ブレークスルーがいつ起こるのか，これを予言することは不可能に近い。このことをQ氏が認識していたなら，顧客への納入を安易に「確約」などしなかったであろう。リスクがあることを顧客に説明して理解を求めた上で，たとえば顧客にコンティンジェンシー・プランを作成しておくことを薦めたか，あるいは自ら何らかの手段を講じたであろう。事業全体の，マネジメントの仕方が違っていたものであったろうし，X工業とQ氏の信頼感を失墜させることは避けられたに違いないのである。

　Q氏に技術のバックグラウンドがあろうとなかろうと，新出力デバイスの開発に直接従事しているわけではないQ氏には，情報が的確に伝達される必要があったろう。ところが次のようなエピソードが，新出力デバイスの開発に直接従事していた側に近い研究開発本部の一員によって語られている。

　　端末機器に新出力デバイスを搭載できるか否かの会議は，出席していてつらいものがありました。新出力デバイス開発を担当している研究所側が，

「寿命の確保は，頑張りますが，最終的にはできない可能性もあります」といくら理詰めで説明しても，端末機器の事業体側の課長クラスの方は，「何言ってるんだ，こっちは事業やってるんだよ！　客が待ってるんだ，とにかくやれ！」といった押し問答が何度もありました。研究所側の人間でありながらも技術者の論理だけでなく事業的センスも持った人が両者の間に立っていて，本来その人が事業部を説得できなければいけなかったのですが，最後は事業体側の迫力に圧されて黙ってしまわれました……。

　直上のエピソードも含めた，上のショート・ケースの興味深い点を拾い出してみると，次のようなものがあげられよう。
・セレンディピティがいつ起こるのか予言することは不可能に近いので，リスクがあることを顧客に説明して理解を求める必要があったであろう
・事業のトップは，ひとつひとつの技術課題がJ型かL型かを把握するのは困難である
・その事業トップのバックグラウンドが非技術である場合はなおさらである
・よって事業トップには焦点となっている技術課題の情報が的確に伝達される必要がある
・ところが結果的に開発リスクを無視したのは，事業のトップだけでなく，現場も同じであった
・現場の担当者は，当該技術のリスクを理解していないのではなく，頭ではわかっていても，事業遂行への責任感が，目隠しをする結果となったのかもしれない
・リスクを認識したからといってそのことが技術的課題の達成に直結する訳ではないが，事業全体のマネジメントの仕方は違ったものになる
・「理屈を並べている間にやれ！」は，X工業特有のメンタリティとは思えない

この事例を，ある技術課題が本来L型でありながらJ型として扱われる場合の事例として整理しておこう。便宜上これらすべてを「第1種のバイアス（L→J）」と呼ぶこととする。

[1] 幹部の「無理解」

これをさらに場合分けすると，

   a．幹部のバックグラウンド上，独力で理解することがきわめて困難である場合

   b．技術担当者の声が幹部に届かない場合

   c．届いたとしても幹部自身が理解を示さない場合

などがあるだろう。

[2] 技術成果受け入れ担当側の「過誤」

これはもしかすると［1］と重複する部分があり，一部縮合できる可能性もあるかもしれないものの，これらを挙げておく。

   a．やはり担当者自身のバックグラウンド上，独力で理解することがきわめて困難である場合

   b．技術担当者の声が技術成果受け入れ担当側に届いたとしても技術担当者の職務へのコミットメントなどのために，それを聞き入れようとしない，言わば精神論のなせる所業の場合

[3] 技術課題担当側の「説明責任不履行」

責任不履行とはやや仰々しいかもしれないが，技術課題担当側は実際にはそれほどの義務を負っているとわきまえるべきであると考える。これには少々説明が必要かもしれない。第4章で述べたように，技術系と事務系とで技術課題に対する認識にはかなりの乖離がある。これは技術系と事務系との二極だけに限らず，その課題への予備知識の有無が影響している可能性も指摘した。しかし現在の研究・開発現場では残念ながらこのような乖離があることそのものの意識が共有されているとは言えない。しかし，だからといって自らの担当業務のリスクを部外者へ伝えることを怠ってもよいことにはならないし，不作為が容認されるわけではない。公的機関であれ私企業であれ，

研究・開発に従事する者には必ず資金提供者の存在があるはずである。その資金提供者が最終的なリスクを負っているのである。このことさえ理解していれば，第4章で明らかになったような立場の違いによる技術観の相違を知っていようといまいと，スポンサーへの誠実な説明は当然の義務と心得られよう。

　a．技術課題担当の単なる錯誤により，担当する技術課題のリスクをきちんと説明しない場合
　　　——技術課題担当者に，受け入れ側もリスクについては理解しているだろうという思い込みがある場合がこれである。
　b．技術担当者の声が技術成果受け入れ担当側に届いたとしても，技術担当者の職務への過度のコミットメントなどのために，それを聞き入れようとしない場合
　　　——技術担当者がこれを説得しきれないのなら，上述の資金提供者への正確な情報提供に失敗していると断ぜられても仕方ない。

　さらに，本来L型でありながらJ型として扱われる実例を，上のショート・ケースとは別にもうひとつあげよう。

[4] 稟議を通さんがための「粉飾」

　これは［3］の裏返しとも言うべき，明らかな故意の例である。研究・開発に従事する者には必ず資金提供者の存在があることは上で述べた。この資金提供者を獲得するためには，技術開発担当者またはそのマネジャーは外部の誰かを説得しなければならない。その誰かとは，政府，上司，事業体，あるいはそれらを代表する顔としての経理部門の長または担当者などであろう。この説得の場面にあって，L型の研究・開発を行おうとする者がまったく包み隠すことなく「このプロジェクトには結果が出ないというリスクがあります」と説明するだろうか。そのような事実を述べれば，通るはずの稟議も通らなくなると考えて，「多少のリスクはありますが，われわれは必ず乗り越えます」くらいのことを述べるだろう。実際は「ブレークスルーが必要」であってプロジェクト失敗のリスクがあるのにもかかわらず，"人・金・モノ・

時間をかけさえすれば"大丈夫"と報告されるであろう。

　さてここでは，稟議をとおさんがための「粉飾」と穏やかならぬ語法を用いたが，そうまでした根底にあるものは，ここでの指摘が筆者自身，技術者あるいは研究者の端くれとして合理的に考え，正論であると考えてのことであった。しかし，この思いも第4章で触れた事務系との議論の中で揺らいでいるのも筆者の偽らざる心境である。なぜならば，経理のベテランは，その報告を聞くほうの立場としては「技術者に『必ずやります』という気になってもらわないと困る」というのである。理屈や正論はともかく，「何が何でもやる」という意志を表明した者にこそ，投資するという決定ができるという。ビジネスの現場を支配しているのは案外こちらのメンタリティであるのかもしれないし，一概にそれを否定もできない。なぜなら，誇張して言うと「結果が出るかどうかはわかりませんが，とにかく研究費（開発費）をください」と頼りのないことを言われたら，普通は承認しないだろう。意志の強さがブレークスルーを起こす，やれることをやりつくしたところにこそセレンディピティの神は降臨する，というのは，科学的かどうかはともかく，常識的な考え方ではある。

　科学は人が自然に導かれた結果到達できる瞬間の境地であると考えたとき，経営はその科学を応用しながらも，人が意志によってなす部分を併せ持つものでもあるから，合理性一辺倒，精神性一辺倒，どちらかに偏った解は最もありうべからざるものなのかもしれない。どちらかに偏った解とはすなわち，一方では，リスクがあると合理的にわかっているものには一切投資すべきではないという怯懦と，他方の極では，すべては意志の力で決まるのだからリスクなど恐るるに足らずという無謀と，ということである。

　次のようなまとめは新鮮味にも面白味にもかけるが，人々の賛同は得やすいのではないだろうか。まず，「粉飾」は論外である。担当者は自分の合理的な認識については素直に上司や関連部署に伝えるべきであろう。そして，それに対する自分の意志，合理性を超越した部分もまた，率直にアピールすべきである。受け取った側の幹部たちは，客観的に近い担当者の合理的判断

と，主観的な担当者の意志とを冷徹に天秤に掛けて経営判断を下すべきではないだろうか。この問題については後の章でも再度議論する予定である。

さらに，本来L型でありながらJ型として扱われる実例をもうひとつ考えよう。

[5] 見かけだけの「誤判断」

最後の第1種のバイアス（L→J）としては，実際はブレークスルーが必要であったのに，技術的インパクトの規模が小さいという見かけの判断だけでJ型にカウントされる場合も考慮しておこう。実例としては，第4章の最後でもあげた軽量化の例を再考してみよう。まずは前章の抜粋だが，「数十グラムにおよぶ端末機器の軽量化を，部品単位で順調に積み上げてきたものの（もちろんここまではJ型の典型例），最後の1グラムを削減できないために目標数値をクリアできない。これを打ち破ったのが，思い切った全体の構成の変更であった，あるいは偶然に発見された代替部品であった，というような場合。このシナリオでは『最後の1グラムを削減する』というのが本書の定義ではL型ではあるが，ここには特許性はまずないのである」というこの結論部分をこの節の論旨に当てはめるには，次のように読み替えればよい。「『最後の1グラムを削減する』というのが本書の定義ではL型ではあるが，実際にはそれまでの数十グラムの削減と同じくJ型に区分されることが多い」。そうしたことの結果として直接的に起きることは，思い切った全体の構成の変更，あるいは偶然に発見された代替部品発見への評価が，本来あるべき姿よりも極端に小さくなることであろう。余談ではあるが，日本のエンジニアたちはこうした過小評価に免疫はできているようでも，こういうことが起きる度に少しずつディモチベートされているのではないだろうか。

2　事例 —— J型（リソース投入型）でありながら
　　　　　L型（ブレークスルー依存型）として扱われた事例

今度は逆に，本当はJ型＝リソース集中であるのにL型＝ブレークスルー依存として扱われて好ましくない結果を生じた例を考える。先ほどとはまっ

たく逆に,「第2種のバイアス (J→L)」と表記しよう。

[6] 事業リスク吸収のための「虚偽申告」

　研究開発本部がある部品事業部のために部品装置の導入費用を肩代わりする場合を考えよう。装置産業であるその部品は,ことに数年前までは生産技術競争の舞台でもあった。某社の部品事業部はこのレースに周回遅れになりかけながら必死に喰らいついている,という図式であった。これに救いの手を差し伸べたのがその会社の研究開発本部である。部品事業部だけの予算では業界標準のレベルにはとてもついて行きかねる,そこで使われたのが研究開発本部予算であった。もともとこの予算は各事業部から「公平に」,それぞれの売上げの○×％という配賦ルールで徴収されたものではあったが,その使途については言わば研究開発本部に委ねられており,配賦の額に応じた研究費を各事業部向けの研究・開発に公平に返さねばならないという明文化されたルールはなく,一種の紳士協定だけがある状態といえた。その部品事業部向けにもそれなりの研究開発費が研究開発本部から投じられてしかるべきではあったが,上記のような装置購入に充てられた額は,その範囲をはるかに越えていた（標準額の10倍とまではいわないが,数倍のオーダー）。本社経理への説明は名目上「部品生産技術向上に伴う諸現象の解明」といった類いの,もっともらしいものであったのだろう。しかし実態は単に部品量産装置購入の肩代わりであり,ここに投じられた金額の多くは,当時の稼ぎ頭であった,ある製品部門からの収益分の配賦が流用された形となっている。この話の結末が,部品事業部の収益回復に貢献した,となればそれでも救いはあったのだが,現実は厳しいものであった。研究開発本部が苦心の末投じた装置購入費は,償却できる見込みすらないだろう。

　さて,上のショート・ケースでの本書の視点から見たフォーカル・ポイントは,技術開発というよりも単なる投資の問題,すなわちJ型であった装置購入を,研究開発本部がL型を装って稟議を通し,本来他部署のために使われてもよかった予算を,結果的にではあるが有効利用できなかったことにある。この設備購入は,研究開発本部がパイロットラインを敷設して「部品生

産技術向上に伴う諸現象の解明」をするというような研究的要素のものではなく，実質上部品事業部の設備投資であることを本社経理は理解していたのだろうか。知らなかったとすれば，L型の大義名分を着せて，研究開発本部とその部品事業部が結託してJ型プロジェクト，すなわち本来事業部予算でまかなうべきものに資金調達できた例であることになる。では本社経理も承知の上で，社長決裁を取り付けるのに加担したのだとしたら……と仮説は続くが，ポイントは，このケースは前節の「第1種のバイアス（L→J）」の［4］とはまったく逆のケースで，善意の決裁者に，技術的リスクがない単なる生産設備導入であることがわかっていれば許可しなかったであろう研究開発本部としての予算の使い道を，研究・開発要素があるように偽って申告して，使途の名目（研究開発費を設備投資費用に）を変えることに成功したという点である。この点では税法上の問題点を指摘されても弁解の余地はない。いずれにせよ，このような巨額の投資は，技術の性格を正しく判断した上で戦略的決定をすべきであろうことは，誰の目にも明らかであろう。

　もう一度整理しよう。上の判断の問題点は，ビジネスの視点からのディシジョン・メイキングではなく，ただ部品業界動向へのキャッチアップのために行われた投資であることであり，装置を導入しさえすれば達成できる課題，すなわちリソース投入型である。これを研究開発本部の隠れ蓑のもと，ブレークスルー依存型のような扱いを行ったことへの疑問であった。ただしここでひとつだけ指摘しておきたいのは，この事例は，この業界各社が雑多な事業を抱えているために生じる事業運営の難しさの例の象徴でもある。この問題については項を変えて議論する。

[7] 事後に生まれる「神話」

　あるプロジェクト（規模の程度は問わない）がL型に分類できるのか，あるいはJ型であるのかは，そのアクティビティの事前の様相を捉えることが一番である。あるいは事後であるならば，事前の状況を解釈しなおすことが不可欠となる。このことは主に，石井（1993）がマーケティングあるいは製品開発について指摘したごとく，成功事例は「美化」，「神格化」されるとい

う主張に通じるものである。すなわち，事前に評価すればJ型の「人・金・モノ・時間をかけさえすれば，必ずアウトプットは出るもの」であったにもかかわらず，事後に語られるときにはあたかもブレークスルーがあった（L型）ように語られる可能性を述べているのである。これを「第2種のバイアス（J→L）」の［2］と呼ぼう。技術に限らず，企業のあらゆる活動においてその真実は担当者たちにしかわからない，というのは至極当然のことである。すぐ隣の部署でさえ，日々何が行われているのか判然としないというのが，良い悪いではなく現実であるし，それは技術に限ったことでもない。そういったなか，ある完遂した活動を事後に評価すべく聞き取りを行えば，「単に人・金・モノ・時間をかけただけですから」という答えが返ってくることは稀であろう。このバイアスがもっとも起こりやすく，もっとも疑いにくく，もっとも覆しがたい。したがって，もっとも回避すべきバイアスである。

　具体例を交えながら考えよう。「第2種のバイアス（J→L）」のひとつの典型は，事後に事例研究として研究・開発を評価しようとする場合，成功事例は「神話」を生み，「リソースさえ投入すればなしえたプロジェクトであった」といった自己評価はまず普通は聞けないことである。事業の成功はJ型/L型両者の区別を覆い隠すことが往々にしてある。ここまでおさらいすれば，前の章でもあげた民生規格大型機器の例が想起されるのではないだろうか。最新機器の研究所，当該事業体，部品事業部がプロジェクトを組んで大胆に開発を進めた成果として，同業他社よりもいち早く市場投入することに成功した。しかもその民生規格大型機器用の基幹となる部品は，他社が考えもしなかったであろうこれまた大胆な機能の省略に成功し，一部の品質と引き換えにコストや開発期間の大幅低減を可能にするというまったく独自のものであった。これらの成果があれば，関係者は自分の関与したプロジェクトが「リソースさえ投入すればなしえたプロジェクトであった」などというはずもなく，またそのような聞き方をする者もいないだろう。会社幹部や広報，マス・メディアなど，どのような聞き手を想定しても，プロジェクトは「苦難とそれを打ち破るブレークスルーとの連続であった」とまことしやかに伝

承されていくのである。ところが技術的に見た実態は、ベテランエンジニアが指摘したとおりである。どんな小さなブレークスルーすらなかったともいわないし、独創的なアイデアなど皆無であったともいわない。しかし、民生規格大型機器の規格は所与のものであるので、X工業のエンジニアたちの創意工夫の産物ではない（厳密には、業界の主導団体を中心とした規格策定作業中の数年前にまでさかのぼり、また技術のひとつひとつを掘り起こしていけば、X工業技術者の貢献は少なからずある。しかし、それは民生規格大型機器規格という日本の共有財産として一旦昇華されたものであり、それを量産化しようとしたプロジェクトとは次元が異なる殊勲である）。この民生規格大型機器量産化プロジェクトは、タイミングのよい、大胆な人と金の集中の産物なのである。

さてこの場合の「第2種のバイアス（J→L）」が産み落とす不利益はなんだろう。そのひとつにはやはり、技術者の評価の問題がある。企業である以上、経済的効果を産み出した技術者がその瞬間に評価されることに異存はない。しかし、そのことが技術者としてのスキルを過大評価させることになるのだとしたら、会社側、本人、周囲、いずれそれぞれがそれぞれの形でそのツケを支払うことになる。日本的チームワークを称えるのもいいだろう。しかしそのチームがL型の技術課題にも同じように対処できるかどうかは保障の限りではないことも、もっと知られてもよいのではないだろうか。

やはり前章でも一部述べているように、事前にリスクがあるかどうかを、もっとも確からしく推定できるのは、その技術課題を目前にした担当の技術者である。したがって、J型/L型判断を正確に識別する第一歩は、事前に担当の技術者の判断を引き出すことである。

3 事例 ——バイアス回避

本書で採り上げる民生用小型機器での開発成功例はユニークな事例をいくつか含む。第一に、1994年当時、技術開発を担当した部長（当然のことなが

ら技術系出身者である）は，この開発が相当リスキーなものであると認識し，
米国ベンチャーに資金援助すべきでないと事業体の幹部（本部長ら）に提言
した。この事例ではデータ処理にかかる時間を，どれだけ短縮できるかとい
うことが焦点であった。当時無名のシリコンバレーのベンチャーの技術者と
経営者は，「この処理に数時間かかっているのを，技術開発によって数秒ま
で縮められるから，開発資金として1億円を供出せよ」と要求した。当の技
術部長は直感的に「信用できない」と感じとったし，また技術者として合理
的に考えてもそれが可能になるとは思えなかったのである。当時の，この時
点での技術部長の技術評価は至極当然といえるものであった。純技術的な判
断を求められれば，ほとんどの技術者が同様の回答をしたであろう。ところ
が，当時の専務・本部長（営業出身）はリスクを了解した上で，英断により
あっさりと開発費1億円を支払うことにGOサインを出したのである。

[8] 事務系だからできた「英断」

　これは専務・本部長（営業出身）に，リスクのあるL型であると明確に伝
わっていた上で，技術者にできない，あるいは技術者だからできないリスク
テイキングを，営業出身者だからこそ大胆にできた例であるといってよい。

　この事例は本章第1節の第1種のバイアス（L→J）のひとつ，[4] 稟議を
通さんがための「粉飾」とまったく逆のケースであるのも面白い。本章第1
節で述べたように，普通，技術開発担当者またはそのマネジャーは，資金提
供者を獲得するためには上司や経理部門の長などを説得しなければならず，
その時にはL型の研究・開発を行おうとする者が率直に「このプロジェクト
には結果が出ないというリスクがあります」と説明するよりは「多少のリス
クはありますが必ず乗り越えます」くらいのことを述べるだろう。そのロジッ
クを鵜呑みにするのか，疑うのか，すべてを覚った上でリスクを冒すのか，
それは通常，説得される側に委ねられる。

　ところがこのケースでは，技術者が「リスクが高すぎるので開発着手すべ
きでない」と進言しているのに，幹部が「それでもやれるだろう」とばかり
に投資したのである。この専務・本部長の真意はわからない。当時ジリ貧で

あった別の民生機器事業に替わる可能性を感じ取って，多少の無茶を承知で賭けに出たのかもしれない。くだんの技術部長とその部下たちの力量とモチベーションを持ち前の眼力で見通していたのかもしれないし，単なる無謀が結果的に功を奏しただけのことかもしれない。ただひとつわかっているのは，「それでもやれるだろう」と幹部が思っていたとしても，それは技術障壁を軽視してのことではなく，いかにバリアが高かろうともこの技術部長たちなら何とかするのではないかという期待感であったようだ。ともあれ，合理的な判断だけではなしえなかった決断であることだけは疑いようがない。

[9] 第1種のバイアス（L→J）の「回避」

　上の事例は同時に，次のようなインプリケーションも示唆している。やはり本章第1節で詳述した第1種のバイアス（L→J）のうち，［5］見かけだけの「誤判断」が回避された例でもある。実際はL型であったのに，技術的インパクトの規模が小さいという見かけの判断だけでJ型にカウントされる場合もありうるが，この例ではそれも免れている。「データ処理にかかる時間について目標の数秒が達成できるかどうか」という問題に対して，技術陣が誠実に説明したことと，専務・本部長がそれを虚心に受け入れたこととが相乗して正確な理解が得られたが，通常はこのような目標がL型とは認知されにくいものである。このようなケースで不幸にも理解が得られなかったときの幹部の対応を想定すると，①ベンチャーに頼らずに自前でやれ，②開発費にそれほどの多額を支払う必要はないだろう，③どこか別のところと組め，などであろうか。繰り返すが，実際に起きたことは，リスクを理解したうえで敢えてそのリスクに挑戦させたのである。

　この民生用小型機器開発事例での興味深い第2の例は，第1号機の開発が終盤にきて行き詰まりそうになったときの技術者同士のやり取りである。一方の主役は上の事例の「技術部長」であるが，この例は彼自身の言葉を交えながら追ってみよう[1]。

1　この節全体の事例記述は，X工業社内報を中心に，筆者自身の経験と記憶で補完している。

開発が終盤を迎えた頃米国から「ひととおりのデータを処理するのに2時間もかかっている」という電話が入った。「取り交わしたスペックは7秒。1000倍以上の時間がかかっている。しまった，信用できないという私の最初の直感が的中したと思った」と，あわてて米国に飛ぶ。

　対策を検討した結果，処理時間は30秒まで短くなったが，その先が進まない。1週間の予定だった米国滞在は1ヵ月になろうとしていた。そこへ当のベンチャーの副社長は「もう金が無い。残りの契約金をくれないと開発をストップする」というとんでもない要求を言ってきた。「スペックなどのマイルストーンをクリアしたら払う約束になっていたが，どう見ても不十分だった。しかし，彼らは本当に仕事を止めてしまった。これでは開発が遅れてしまう。やむなく日本に連絡して金の支払いをお願いした」

　ところが日本からは「必ずクリアすることを保証しないと金は払えない」という返事だった。それは相手の言うことは信用できないので，技術部長自身で保証しなさいという意味である。ベンチャーと日本の板挟みになって悩んだ。このままではせっかく最終段階まで来た開発が未完成に終わるかもしれない。意を決して自分自身が保証することを文書にした。

　「あの時はつらかった。スペックをクリアできなかったら退職して責任をとるしかないと覚悟した。家族のことなど，最悪のことが頭から離れなかった。文書を日本にFAXする時，手の震えが止まらなかった」と当時の事情を明かす。

　やがてスペックはクリアした。それを可能にしたのは2人の部下の2つのアイデアだった。「2人のおかげで首がつながった。とても感謝しています」と技術部長は笑った。

この社内報の記述では「日本」としか記されていないが，技術部長自身による保証を迫ったのは，上司であり技術のバックグラウンドを持つ，当時の事業部長であった。その瞬間の行き詰まりを，どの程度の確率で打破できるのか，またはできないのか，ともに技術者であるこの2人の評価はたぶん同程度に悲観的であったのだろう。

この例からは次のようなインプリケーションを抽出しておこう。

[10] **技術者同士がL型判定で一致した場合の「デッドロック」**

この事例では，技術者2人のどちらか一方の認識がJ型であったなら，技術部長が「手を震わせながら保証書を日本にFAXする」必要は生じなかったはずである。そしておそらく，技術部長と事業部長2人の見立ては正確で，実際に上の引用時点での行き詰まりはまさしくブレークスルーを必要としたし，このケースが幸運であったのは，「2人の部下の2つのアイデア」を得て，課題がクリアされたことであった。

技術者同士がL型判定で一致した場合，この例のように意思決定の点ではデッドロックに陥る可能性が少なからずある。このケースでは職制の上下差が駆動力となって幸運にもデッドロックを解消できたとも総括できるであろう。

さて，事実にまつわる記述は以上であるが，以下，ちょっとした仮想の世界を少しだけシミュレーションしてみよう。難しくは無い，単純な「if」である。ベンチャーの契約外の要求の場面に，はじめに英断した専務・本部長（営業出身）がもしも居合わせたら，という想定である。事業部長は開発に失敗すると専務・本部長に対して自身が責任をとらなければならない可能性を心配していたようだが，ここでのシミュレーションでは，「ここまで来たら行け」という号令がかかったのではないかと想像するのである。筆者独自の判断材料や判断基準を極力排したつもりで，単にはじめの投資を決断した人物ならば，という推定である。もしもこれが正しいとして，理論の飛躍をおそれずに言えば，合理性に囚われて大胆な判断ができない技術者と，理屈よりも自らの信念に従って果敢に決断する事務系出身の経営者，というステレオタイプが描かれるのかもしれない。

4 / 事例の小括

この章で事例とともに分析した，J型/L型分類によって析出された経営上

の事象を抽出して整理しておこう。

Ⅰ．技術カテゴリー別J型/L型分類（発見と常識からの乖離）
Ⅱ．J型/L型分類別マネジメント（研究開発本部／事業体）
Ⅲ．組織内でのリスク認識のレベル（意思決定の合理性）
  第1種のバイアス（L→J）
  ［1］幹部の「無理解」
  ［2］技術成果受け入れ担当側の「過誤」
  ［3］技術課題担当側の「説明責任不履行」
  ［4］稟議を通さんがための「粉飾」
  ［5］見かけだけの「誤判断」
  第2種のバイアス（J→L）
  ［6］事業リスク吸収のための「虚偽申告」
  ［7］事後に生まれる「神話」
  バイアス回避
  ［8］事務系だからできた「英断」
  ［9］第1種のバイアス（L→J）の「回避」
  ［10］技術者同士がL型判定で一致した場合の「デッドロック」

　こうして並べてみて第1種のバイアスと第2種のバイアスとを比較すると，あらためて質・量ともに差があることが浮き彫りになる。この理由を説明する有力な根拠は，第4，5章などで述べてきた技術系と事務系との「技術観」の相違ではないだろうか。すなわち，事務系はかなりの割合の技術テーマがJ型であると考える傾向があった。このこと自体が，すでに第1種のバイアスの状態である。言い換えると，事務屋にとってはJ型であると考えることが自然なのであって，その分L型と考えるにはよほどの根拠が必要である。第1種のバイアスが起きやすい所以である。
　1次判断者は技術担当者であるから，彼または彼女が稟議を通さんがため

の「粉飾」を企てるなど「悪意」の人である場合も，この方向は利用しやすい傾斜であるはずだ。行動を起こす場合のみならず，故意にせよ過失にせよ，不作為であることが，第1種のバイアスとなる場合があることも，説明済みである。

まったく反対の議論が，第2種のバイアスに対しては当てはまるだろう。放っておけばJ型と想像している事務屋を，L型と説得するには，その逆に比べてエネルギーが必要であろう。

次章では，上の項目の中からさらに深耕すべき事象や，事例では捉えきれなかった概念などについて，補足し論考する。

5 ラディカル・イノベーションとインクリメンタル・イノベーションの限界

本書の前半の論点のハイライトは，①先行研究の分類は，基本的には研究・開発という分類と本質的に同じであるか，または細分化などの小変更を施しただけの分類例であること（第2章），②「R&J（リソース投入で達成できる研究）」や「D&L（ブレークスルーの必要な開発）」という，これまで盲点であった象限を析出させた（第3章）ことであった。

ここで，先行研究の代表，すなわち基本的には研究・開発という分類と本質的に同じである分類としてラディカル・イノベーションとインクリメンタル・イノベーションとを取り上げ，これら旧来からの概念では説明できない事例を探索・検証しておこう。本書を貫くバックボーンの確認である。

まずは前章で展開した議論を，ラディカル・イノベーション/インクリメンタル・イノベーションという概念との照合という観点から再考しておこう。

1．技術カテゴリー分けやマネジメントの問題

前節の小括に沿って，まずは技術カテゴリー分けやそのマネジメントの問題から。たとえばエネルギー分野の技術課題（高性能エネルギー部材や新エネルギーシステム）に注目すると，これらは前章の事例では事業部主体でプ

ロジェクト期間も比較的短期間に設定されており，ラディカル・イノベーションかインクリメンタル・イノベーションかと問われれば後者に分類されるであろう。ところが本書の分析では，これらには未だブレークスルーが必要であって，不確実性はきわめて高い。これらは新出力デバイスの例にも似て，技術の輪郭がインクリメンタル・イノベーションのように見えるからといって，マネジメント側がプロジェクト枠組みを間違ったり，また確実な成果を期待するとしたら，新出力デバイスと同じ轍を踏む危険性がある。ここでいう「プロジェクト枠組み」が，決して，L型だからといって研究所主体とすべきであるというような主張でないことを念押ししておく。どの部署が主幹となろうが，ブレークスルーを産むための体制であるべきで，それは投入リソースの効率活用を計算するものとは自ずと異なるはずである。

　一方，前章での事例に関する限り，「セットもの」はほぼJ型であり，この点ではインクリメンタル・イノベーションという概念と整合性が高いだろう。よってここではJ型/L型分類とラディカル・イノベーション/インクリメンタル・イノベーションという分類とで特筆すべき差異は生じていない。

　むしろ着目すべきは，デバイスや環境といったカテゴリーの技術テーマでは，さながらエネルギーと「セットもの」とが織り成す潮目に存在するがごとく，J型/L型が混在し判然としがたいものすらあったことであろう。表5.5からこの「潮目」の部分だけを抜き出し表6.1として，再掲しよう。

　この表をラディカル・イノベーション/インクリメンタル・イノベーションという視点で見た場合，前者に分類されうるのは，新規格ストレージ，次世代精密デバイス，新出力デバイス，環境処理技術などであろう[2]。このうち，次世代精密デバイスと新出力デバイスはJ型/L型分類でもL型であった

2　ひとつの見識として，ここで挙げられたようなプロジェクトはすべてインクリメンタル・イノベーションでしかない，「研究」などひとつもなく，すべて「開発」である，という解釈も成立するかもしれない。しかしここでの論旨は，表2.3でのラディカル・イノベーション/インクリメンタル・イノベーションの定義を相対的に解釈して適用している。すなわち表2.3からキーワードを抽出し，短期間（2年以内），方向性が明確，予測可能，定型的プロセスなどに当てはまるものをインクリメンタル・イノベーション，それ以外をラディカル・イノベーションと区分している。

から特別な論点はない。しかし新規格ストレージと環境処理技術については，J型/L型分類で定まった解釈が得られていないことが注目すべき点といえる。その2つのテーマについて共通しているのは，これらはラディカル・イノベーション（つまり本書の論旨では「研究」とほぼ同義）と分類されるであろうし，この事例での主幹部署も研究所であるにもかかわらず，J型/L型分類ではJ型という意見のほうが技術者の間では多いくらいであったことである。マネジメント側がこれらのテーマを研究扱いすると，現場との間で乖離が発生する可能性を示唆している。

　同じ環境のカテゴリーに分類される中で，店舗管理ソリューションは唯一はっきりしたJ型であり，環境対応部品応用商品がL型に分類されていたことは，既述のとおりである。

　表6.1のその他のテーマでは，J型/L型分類はまだら模様であり，まさに「潮目」にあると表現するにふさわしい。これらのテーマはすべてインクリメンタル・イノベーションに分類されるものであるのに，技術者のもつJ型/L型分類の技術観は必ずしも一致してはいないのである。つまり一部のテーマはJ型として，別のテーマはL型として扱われるべきであるかもしれないという可能性を暗示しているのではないだろうか。

2．組織内での認識の問題

　繰り返し述べることとなるが，インクリメンタル・イノベーションは本書の解釈では「開発」と同義であることから，図2.1でいうと，右半分に相当する。さらに研究/開発とJ型/L型分類を組み合わせた図3.1では，右上のD＆J（リソース投入型の開発）がそれに当たるということについては，第3章第4節で解説済みである。もう一歩踏み込んだ表現をするならば，インクリメンタル・イノベーションという概念ではD＆L（ブレークスルー依存型の開発）という概念が視野に入らない。すなわちある技術課題がインクリメンタル・イノベーション（開発）とカテゴライズされた瞬間，その技術課題のリスクは思考からほぼ葬り去られる。このことは，前章で定義した「第

表6.1 デバイスと環境のJ型/L型分類と主幹部署（表4.4からの抜粋）

J型/L型分類を技術者にやってもらってどれほど一致するか？

No.	テーマ	回答者 カテゴリー	特許	制御	電気	部品	応用	機械	J型/L型 判定
7	新規格ストレージ	デバイスⅠ	L	J	J	J	J	L	
8	高機能素子	デバイスⅡ	L	L	L	J	J	L	
15	次世代精密デバイス	デバイスⅢ	L	L	L	L	L	L	◎L
3	高性能部品	デバイスⅣ	J	L	L	J	L	L	×
14	高性能検知素子	デバイスⅤ	J	J	J	J	J	J	
16	新出力デバイス	デバイスⅥ	L	J	L	L	L	L	○L
22	高密度モジュール	デバイスⅦ	L	L	J	J	J	J	
24	超高性能検知素子	デバイスⅧ	J	J	J	J	J	J	
9	環境対応大型部品	環境Ⅰ	J	J	J	J	J	J	
13	環境処理技術	環境Ⅱ	L	L	J	J	J	J	
21	店舗管理ソリューション	環境Ⅲ	J	J	J	J	J	J	◎J
6	次世代アメニティ	環境Ⅳ	L	J	L	J	L	J	×
11	環境対応アメニティ	環境Ⅴ	L	L	L	L	J	L	
12	民生用大型機器	環境Ⅵ	J	L	J	J	J	J	
25	環境対応部品応用商品	環境Ⅶ	L	J	L	L	L	L	○L

1種のバイアス（L→J）」（ある技術課題が本来L型でありながらJ型として扱われる場合）とほとんど同位相であり，この点に関して第6章第1節ではいくつかの例を示した（幹部の「無理解」，技術成果受け入れ担当側の「過誤」，技術課題担当側の「説明責任不履行」，稟議を通さんがための「粉飾」，見かけだけの「誤判断」）。

ラディカル・イノベーションの誤謬はこの裏返しの議論である。ある技術課題に「研究」というラベリングがなされることが，すなわち実態よりも過大な評価や期待が生じること意味する。これを「第2種のバイアス（J→L）」と表記したし，事例を第6章第2節で示した（事業リスク吸収のための「虚偽申告」と事後に生まれる「神話」）。

以上の言明は，意味の上では第3章第4節での議論の一部繰り返しではあ

るものの，これがラディカル・イノベーション/インクリメンタル・イノベーションの限界であることを再度指摘しておこう。

6 組織内でのリスク認識
―― 認識の一致の程度とその産物

　さて，ここまでの記述に基づく論考である。まず担当者に自分が直面する課題のJ型/L型分類ができているとする。引き続き仮定として，同じ業務の担当者は同じ判断をしているとする。上司にもそれが伝わっていて上司も部下の判断を信頼している，あるいは上司自身の判定が，担当者のそれと一致している，そうして最終的に経営判断を下す立場の幹部にいたるまで，同じ技術観が共有されているとする。本書のコンテクストではこの状態を理想とする。技術のタイプに応じたマネジメントが期待でき，第5章やこの章の前半で述べてきたような経営上の不都合が生じないからである。

　理想の状態でありながら想定しておかなければならないケースは，全員の判断が同様に誤りである場合であろうか。何度繰り返しても繰り返しすぎにはならないのが，このJ型/L型分類はあくまでも技術観であり決して絶対的なものではない，ということである。したがって，技術者全員が誤った判断で一致するという可能性もゼロではない。さらに，環境あるいは状況の変化は，はじめに下した判定の安定を揺るがす。はじめはJ型としてスタートしたプロジェクトが何らかの外部要因により，ある日突然L型に形を変えるということは，決して想定できないことではない。その逆もまた然りである。これらのケースでも，マネジメントと現実との不整合がたちまち現れる。

　今度は，理想とはまったく逆に，最も回避すべき状態とは何だろうか。それはやはり前章やこの章で描いて来たような，どこかで判断が歪められている場合であり，その結果，ありうべきマネジメントと異なるマネジメント執行がある場合であろう。これの原因は故意であったり過失であったりすることも既述のとおりである。

　では故意でも過失でもなく，単に無知・無為の場合はどうだろう。上で述

べたように，J型かL型かということについて考えはじめるきっかけやインセンティブは，普通は現場の担当者やマネジャーたちに与えられることはなく，判断をもたないこと自体は責められない。しかしそのことがもたらす結果は，直上の段落で述べた，最も回避すべき状態と大差ないものになりはしないだろうか。すなわち故意や過失のせいであろうと，無知・無為のせいであろうと，ありうべきマネジメントと異なるマネジメントが執行されるという見かけの結果は変わらない。

同じようでも，判断に個人差がある場合はどうなるだろう。この推論の前提は，担当者から上司，幹部にいたるまで，それぞれに主体的・自律的な判断は持っていること。しかしそれが一致していないという状態が，ここでの考察対象である。さてこの場合も好ましくない管理が為されるのであろうか。担当者とその上司の判断が異なっている場合など，その可能性はある。しかし，故意・過失，無知・無為の場合とは事情が決定的に違ったものになると考える。ある一時期をとらえて判断の不一致があっても，それぞれに判断しようとする意識がある限り，不一致であるという状態への意識の共有もあるだろう。妥協はあるかもしれないが，一定の納得感は醸成されるだろう。改善へ向けての話し合いがもたれるかもしれない。そして本当に一致を見ることがあるかもしれない。

以上の論考をもとに，好ましい状態の順に列挙することによって，この節の小括としよう。
① 担当者（担当者同士），上司，幹部が同じ技術観を共有していること
② 判断に個人差がある場合で，担当者から上司，幹部にいたるまで，それぞれに主体的・自律的な判断は持っているが，一致していないという状態
③ 無知・無為により判断がなされていない状態
④ 最も回避すべき状態は，故意または過失によって判断が歪められている場合

番外 理想の状態でありながら想定しておかなければならないケースは，全

員の判断が同様に誤りである場合

7 パズル理論のマネジメントへの応用

　第4章の終わりで本書の道程を俯瞰したように，そこから分岐したジャジメントとマネジメントの2つの道のうち，この章では後者の道を辿る。振り返ると，第5章ではJ型/L型分類のジャッジメントの奥底を探訪した。また第6章はジャッジメントとマネジメントとの間を結びつけるトランジションであった。すなわち事例を題材としてジャッジメントとマネジメントの両方の要素が交錯するさまを描いてきた。いよいよこの章と次の章では，本書のJ型/L型分類がマネジメントのさまざまな場面で実際に有効な道具立てとなりうるかどうかを探る。その道のりの向かうところは次のような理想の地である。

- **意思決定に有効な方策を提供することが可能であるのか？**
- **もしそうなら，それはどのようにして？**

　これより以前の章，特に第4章などで見てきたように，J型/L型分類の成立は絶対的なものであるとは言えないまでも，少なくとも技術者間ではJ型/L型選択がほぼ半々になりうるという視認性のよさがあった。このことに立脚して本章ではこの分類が相対的なものであるにせよ成立すると一旦仮定する。そうしたときに，この分類がもたらす可能性があるものを想定することとしよう。

1 / テーマ名の抽象化

　まず単に，表4.4と表4.5のテーマ名を抽象化してみる。表7.1は，表4.4の

表7.1 技術系による分類（表4.4に一部加筆）

J型/L型分類を技術者にやってもらってどれほど一致するか？

No.	テーマ	回答者＼カテゴリー	特許	制御	電気	部品	応用	機械	J型/L型判定
17	高性能エネルギー装置	エネルギーⅠ	L	L	L	L	L	L	◎L
18	高性能エネルギー部材	エネルギーⅡ	L	L	L	L	L	L	◎L
23	新エネルギーシステム	エネルギーⅢ	L	L	L	L	L	L	◎L
7	新規格ストレージ	デバイスⅠ	L	J	J	J	J	L	
8	高機能素子	デバイスⅡ	L	L	L	J	L	L	
15	次世代精密デバイス	デバイスⅢ	L	L	L	L	L	L	◎L
3	高性能部品	デバイスⅣ	J	L	L	J	L	L	
14	高性能検知素子	デバイスⅤ	J	J	L	J	L	J	
16	新出力デバイス	デバイスⅥ	L	L	L	L	L	J	○L
22	高密度モジュール	デバイスⅦ	L	L	L	L	J	L	
24	超高性能検知素子	デバイスⅧ	J	J	J	J	L	L	
9	環境対応部品応用商品	環境Ⅰ	J	J	J	L	L	J	
13	環境処理技術	環境Ⅱ	L	L	L	J	J	J	
21	店舗管理ソリューション	環境Ⅲ	J	J	J	J	J	J	◎J
6	次世代アメニティ	環境Ⅳ	J	J	L	J	L	J	×
11	高効率アメニティ	環境Ⅴ	L	L	L	L	L	L	
12	民生用超大型機器	環境Ⅵ	J	L	J	J	J	J	
25	環境対応民生機器	環境Ⅶ	L	L	L	L	L	L	○L
5	新世代業務用機器	AVCⅠ	J	J	J	L	J	J	○J
10	新インフラ対応機器	AVCⅡ	J	J	J	J	L	J	○J
1	次世代端末機器	AVCⅢ	J	J	L	L	L	J	×
2	第2世代民生用小型機器	AVCⅣ	J	J	J	J	J	J	◎J
4	民生規格大型機器	AVCⅤ	J	J	J	J	J	J	◎J
19	第3世代民生用小型機器	AVCⅥ	J	J	J	J	J	J	◎J
20	複数インフラ融合型商品	AVCⅦ	J	J	L	J	J	J	○J
		◎:○比率							9:4
		J:L比率	13:12	15:10	11:14	17:08	12:13	14:11	82:68
		Jの数	13	15	11	17	12	14	82
		Jの選択肢	0.52	0.60	0.44	0.68	0.48	0.56	0.55

注：◎は6人全員の意見が一致していることを表し，○は6人中5人の意見が一致していることを表す．◎や○のうしろのJまたはLは，どちらのタイプでの一致かを示している．また，×は6人の意見が3対3に分かれているもの．よって無印のものは，4:2に意見が分かれたものである．

技術系による分類にテーマ名を抽象化した列「カテゴリー」が書き加えられたものである。

このように書き改めると，結局本提案の分類は，技術の性質を言い換えただけではないかという議論を招くかもしれない。確かにたとえば「エネルギー」はL型で，AVC（Ⅰ～Ⅶ）の7つもある「セットもの」はほぼJ型であるという具合に，その傾向があることは周知のことである。すなわち，事務系からも示されたように，化学と物理とでは化学が本質的にL型（ブレークスルー依存型）となり，物理がJ型（リソース投入型）になる傾向があるのではという印象があるだろう。

その印象そのものがいつも成立するとは限らないことは以前の章で指摘したとおりであるが，傾向は言い当てていよう。素材や部品の開発は，リソースを統合することで成り立つよりは，素材や部品は一品につきひとつの機能を実現できればいいものであると考えるならば，やはりブレークスルーやセレンディピティ「一発」で技術課題が解決するものが多くなる道理である。

もう一度確認しておこう。原則的には，素材や部品，別の捉え方をすると「デバイス」や「エネルギー」はL型であり，AVCの「セットもの」はほぼJ型である。しかし本書で主張したいのは，その中に潜む先入観が本質を見誤らせるのでは，という可能性である。

表7.1ではエネルギーはすべてL型の分類しかなかったし，ここでのエネルギーは，その基幹技術は化学であるから，それは妥当といえるだろう。

デバイスはやはり技術の定義からL型が多いように考えられるし，実際表7.1でもその傾向を有するように見える。次世代精密デバイスと新出力デバイスがその典型である。ところが同じデバイスでも，高機能素子，高性能部品，高性能検知素子，高密度モジュール，超高性能検知素子は，L型という評価で一致しているわけではない。むしろ前2者（技術系の回答者の評価では4対2でどちらかといえばL型とみなされていそうな高機能ピックアップと，3対3と拮抗している高性能部品）以外の，高性能検知素子，高密度モジュール，超高性能検知素子では，4対2でJ型とみなされるものも少なか

らずあるということが重要である。ここでは,「デバイス技術だからL型」という速断の短絡さと危うさを指摘したいのである。

「環境」に目を移そう。この技術が,J型/L型ほぼ拮抗しているというのも,興味深い発見といってよいだろう。これがひとつの事業体であるならば,人員構成やマネジメントの点で,他の事業体にはない経営上の課題に直面するだろう。実際にX工業の歴史の中ではひとつの事業部として括られる期間が長い。この業界全般でも,いわゆる環境関連技術は組織上,単一事業体であることが多い。こうしたJ型,L型が混在する事業運営の困難さについては,項をあらためて議論する。

AVC(I～Ⅶ)に目を転じると,ひとつの例外を除いて判断はすべてJ型でほぼ一致している。表7.1の中では,次世代端末機器はセットものであるからJ型,というのではなく,重要なキーパーツとして新出力デバイスが含まれているからL型,と判断した人もいる。筆者の考察では,これはこの例だけに限られる特殊事情とみなしてよい。なぜなら,民生規格大型機器の例などでも何度も述べてきたように,プロジェクト全体としてはJ型に分類されるからといって,ブレークスルーやセレンディピティがまったく必要でなかったり,発生したりしないというわけではない。それらがプロジェクトの成否の死命を制することはない,というだけのことである。技術系の回答者たちもそのことは承知の上で,ただ「次世代端末機器」の場合は,あまりにも新出力デバイスの完成に負うところが大きい「セットもの」プロジェクトであることが明白であったため,L型とみなさざるを得なかったのであろう。

ところで,表7.2のように事務系の分類を抽象化しても,もとよりJ型がほとんどであったので,発見できることは皆無といってよい。

この節を小括しておこう。技術者による分類をカテゴリー別に着目し直した結果,次のようにサマライズできる。第1に,「エネルギー」研究・開発は,小論の例の範囲においては少なくともすべて直感どおりにL型であった。第2に,「デバイス」技術だからというだけでL型と速断するのは,短絡であり危うい。第3に,環境技術が,J型/L型ほぼ拮抗しているというのは興

表7.2 事務系による分類（表4.5に一部加筆）

J型/L型分類を事務系にやってもらってどれほど一致するか？

No.	テーマ	カテゴリー	経理①	経理②	経理③	企画	人事①	人事②	J型/L型判定
17	高性能エネルギー装置	エネルギーⅠ	L	L	L	L	J	J	
18	高性能エネルギー部材	エネルギーⅡ	L	J	J	J	J	J	○J
23	新エネルギーシステム	エネルギーⅢ	J	J	J	J	J	J	◎J
7	新規格ストレージ	デバイスⅠ	J	J	J	J	J	J	◎J
8	高機能素子	デバイスⅡ	L	J	J	J	J	J	○J
15	次世代精密デバイス	デバイスⅢ	L	L	L	L	L	J	○L
3	高性能部品	デバイスⅣ	J	J	J	J	J	J	◎J
14	高性能検知素子	デバイスⅤ	J	L	J	J	J	L	
16	新出力デバイス	デバイスⅥ	L	J	L	L	J	J	×
22	高密度モジュール	デバイスⅦ	J	J	J	L	L	L	×
24	超高性能検知素子	デバイスⅧ	J	J	J	L	J	J	○J
9	環境対応部品応用商品	環境Ⅰ	J	L	J	J	J	J	○J
13	環境処理技術	環境Ⅱ	L	J	L	L	J	J	×
21	店舗管理ソリューション	環境Ⅲ	J	J	J	J	J	J	◎J
6	次世代アメニティ	環境Ⅳ	J	J	J	J	J	J	◎J
11	高効率アメニティ	環境Ⅴ	J	J	J	J	J	J	◎J
12	民生用超大型機器	環境Ⅵ	J	J	J	L	J	J	○J
25	環境対応民生機器	環境Ⅶ	L	J	J	J	J	J	○J
5	新世代業務用機器	AVCⅠ	J	J	J	J	J	J	◎J
10	新インフラ対応機器	AVCⅡ	J	J	J	J	J	J	◎J
1	次世代端末機器	AVCⅢ	J	L	L	J	J	J	
2	第2世代民生用小型機器	AVCⅣ	L	J	J	J	J	J	○J
4	民生規格大型機器	AVCⅤ	J	J	J	J	J	J	◎J
19	第3世代民生用小型機器	AVCⅥ	J	L	J	J	J	L	
20	複数インフラ融合型商品	AVCⅦ	J	J	J	J	J	J	◎J
		◎:○比率							9:9
		J:L比率	16:09	15:10	21:04	19:06	24:01	23:02	118:32
		Jの数	16	15	21	19	24	23	118
		Jの選択率	0.64	0.60	0.84	0.76	0.96	0.92	0.79

注：◎は6人全員の意見が一致していることを表し，○は6人中5人の意見が一致していることを表す．◎や○のうしろのJまたはLは，どちらのタイプでの一致かを示している．また，×は6人の意見が3対3に分かれているもの．よって無印のものは，4：2に意見が分かれたものである．

第7章　パズル理論のマネジメントへの応用

味深い発見といってよいだろう。最後に，一般の「セットもの」プロジェクトは，その成否がキー・デバイスの完成待ちといったものでない限り，原則としてJ型であることが確認された。

2 ／タイプ別主幹部署

本書の素材である25のプロジェクトに，主幹部署を追記したものをページ表7.3に示す。ここからこの節での焦点である，J型/L型判定が一致したものと主幹部署との関係を抽出して，表7.4に記す。

これによるとL型で技術者の意見の一致を見たプロジェクト（上表の中では◎Lや○Lと記載）については，ほぼ研究開発本部あるいはSE（エナジー事業部）が主体となったプロジェクトであることがまず目に付く。逆に，J型と判定されたもの（上表の中では◎Jや○Jと記載）は，各事業部すなわち事業体が主幹であることがわかる。事業部としては，VA＝民生用小型機器事業部，CM＝業務用・産業用機械，IS＝イメージソリューション事業部，TC＝通信事業部と，多岐にわたる。これらJ型/L型分類と主幹部署の観点での例外は「環境対応民生機器のL型であるが事業部主幹」，これひとつだけである。

なお，事業部が主幹部署であっても，X工業のプロジェクトの性格上，研究開発本部が必ずコラボレーションしていることは，第4章で述べたとおりである。場合によっては第2，第3の事業部も参画して，複数の事業部横断プラス研究開発本部といった広範囲に渡る部署を巻き込むものもある。

さてここで，思考実験をして順に仮説を立ててみよう。まずは前提である。

前提：上記のプロジェクトはすべて順調に運営されたものである。
本来は「成功したものである」と断定したいところであるが，既述のように文脈によって「成功」はビジネスとしてのそれを示すことが多いため，ここではあくまでも技術プロジェクト運営の巧拙を議論するという意図のもと，上の前提とする。この条件のもとで次のような仮説を想定した。

表7.3 プロジェクトの主幹部署（表7.1に一部加筆）

J型/L型分類を技術者にやってもらってどれほど一致するか？

		回答者＼カテゴリー	特許	制御	電気	部品	応用	機械	主幹*部署	J型/L型判定
17	高性能エネルギー装置	エネルギーI	L	L	L	L	L	L	研究所	◎L
18	高性能エネルギー部材	エネルギーII	L	L	L	L	L	L	SE	◎L
23	新エネルギーシステム	エネルギーIII	L	L	L	L	L	L	SE	◎L
7	新規格ストレージ	デバイスI	L	J	J	J	J	L	研究所	
8	高機能素子	デバイスII	L	L	L	L	J	L	研究所	
15	次世代精密デバイス	デバイスIII	L	L	L	L	L	L	研究所	◎L
3	高性能部品	デバイスIV	J	L	L	J	L	L	SC	
14	高性能検知素子	デバイスV	J	J	J	J	L	J	SC	
16	新出力デバイス	デバイスVI	L	J	L	L	L	L	研究所	○L
22	高密度モジュール	デバイスVII	L	L	J	L	J	J	ED	
24	超高性能検知素子	デバイスVIII	J	J	L	J	L	J	SC	
9	環境対応部品応用商品	環境I	J	J	L	L	L	J	CM	
13	環境処理技術	環境II	L	L	J	L	J	J	研究所	
21	店舗管理ソリューション	環境III	J	J	L	J	J	J	CM	◎J
6	次世代アメニティ	環境IV	L	J	L	L	L	L	CE	×
11	高効率アメニティ	環境V	L	L	L	L	L	L	CA	
12	民生用超大型機器	環境VI	L	J	L	L	L	L	CA	
25	環境対応民生機器	環境VII	L	J	L	L	L	L	CA	○L
5	新世代業務用機器	AVC I	J	J	L	J	J	J	TC	○J
10	新インフラ対応機器	AVC II	J	J	L	J	J	J	TC	○J
1	次世代端末機器	AVC III	J	J	L	L	L	J	TC	×
2	第2世代民生用小型機器	AVC IV	J	J	J	J	J	J	IS	◎J
4	民生規格大型機器	AVC V	J	J	J	J	J	J	VA	◎J
19	第3世代民生用小型機器	AVC VI	J	J	J	J	J	J	IS	◎J
20	複数インフラ融合型商品	AVC VII	J	J	L	J	J	J	VA	○J
		◎:○比率								9:4
		J:L比率	13:12	15:10	11:14	17:08	12:13	14:11		82:68
			13	15	11	17	12	14		82
			0.52	0.60	0.44	0.68	0.48	0.56		0.55

主幹部署略称： *SE＝エナジー, *CM＝業務用・産業用機械, *CA＝民生用超大型機器, *SC＝素子,
　　　　　　　 *TC＝通信, *IS＝イメージソリューション, *VA＝民生用小型機器, *ED＝部品,
　　　　　　　 *CE＝家庭用機器

表7.4 プロジェクトの主幹部署（表8.3からの抜粋）

No.	テーマ名	カテゴリー	主幹部署	J型/L型判定*
17	高性能エネルギー装置	エネルギーⅠ	研究所	◎L
18	高性能エネルギー部材	エネルギーⅡ	SE	◎L
23	新エネルギーシステム	エネルギーⅢ	SE	◎L
15	次世代精密デバイス	デバイスⅢ	研究所	◎L
16	新出力デバイス	デバイスⅥ	研究所	◎L
25	環境対応民生機器	環境Ⅶ	CA	◎L
21	店舗管理ソリューション	環境Ⅲ	CM	◎J
5	新世代業務用機器	AVCⅠ	TC	○J
10	新インフラ対応機器	AVCⅡ	TC	◎J
2	第2世代民生用小型機器	AVCⅣ	IS	◎J
4	民生規格大型機器	AVCⅤ	VA	◎J
19	第3世代民生用小型機器	AVCⅥ	IS	◎J
20	複数インフラ融合型商品	AVCⅦ	VA	○J

(*J型/L型判定で◎は6人全員一致を表し，○は5人一致を示す)

仮説Ⅰ．J型プロジェクトとL型プロジェクトとでは，異なったマネジメントが要求されるであろう

仮説Ⅱ．研究開発本部方式のマネジメントというものがあって，これは事業体のそれとは異なるとすると，研究開発本部方式のマネジメントはL型のプロジェクトに有効であるだろう

仮説Ⅲ．また，SEもL型プロジェクトの主幹となることが多いことから，研究開発本部方式のマネジメントを共有し，実践しているであろう

仮説Ⅳ．逆に他の事業部はJ型プロジェクトに適したマネジメント法を有しているであろう

仮説Ⅴ．J型プロジェクトに参加する研究開発本部のエンジニアは，事業部式のマネジメントに従うであろう

このような仮説からさらに導かれるインプリケーションについては，次の章で整理する．

3 　J型/L型の変換可能性・境界不明瞭性

　第3章第3節の分類の応用例についてはこの節でも再度触れるが，その中で言及したものをまとめると，
- J型/L型どちらかが単独で完結しているというよりも，両者の組み合わせ，すなわちハイブリッド的なもの
- 全体としてはL型に分類できるものの，部分的にはJ型の考え方を要する場合
- 逆に，全体としてはJ型に分類できるものの，部分的にはL型の考え方を要する場合

となる。こうした，ポジティブにいうならJ型/L型の変換可能性，ネガティブにいうなら境界不明瞭性について，さらに論究しよう。

　L型の課題をJ型に変換する方法として，たとえば何万通りもの実験をしらみつぶしに全部行うということが考えられる。すなわち，たった一通りの「正解」にたどり着くために，ひとりでは一通りずつしか確かめられないために偶然や思いつきに頼る（セレンディピティ）しかないところを，たとえば人海戦術などで，一気に勝負をつけてしまおうという考え方である。これは理論的にはL型の課題をJ型に変換する方法といってよいだろう。実際，薬品開発などでこれに近い手法をとるところはあるようだ。

　ただし，これが通用するのは，ある程度「正解」の範囲があらかじめ想定可能な場合，上の例では何万通りの中にあるとわかっている場合に限られる。程度こそ種々あるだろうが，実業界・産業界のイノベーションはこういった範疇に属するであろう。

　少し意味合いは異なるが，新薬開発をL型の典型であると仮定して，これの成功確率を高めるためにいくつものチームに同じミッションを担わせる，つまりこのことによってリソース集中型の要素を帯びさせる，という例も考えられる。リスク分散の一法といってもよいかもしれない。

逆にノーベル賞級の発見は，想定される範囲外との偶然の邂逅があったとされることが多いので，もとよりこの手法の及ぶ範囲ではなかっただろう。つまりその時点での人智を越えたところに「正解」があったために，いくら知恵を絞って実験を繰り返したところで，そこへたどりつくことができなかったのが，なにがしかの偶然や事故の結果，考えも及ばなかった組み合わせが実現されたがゆえに「正解」にたどり着くという場合で，だからこそ余人ではなしえなかった大発明や大発見となりえたのだろう。

　逆に，全体としてはJ型に分類できるものの，部分的にはL型の考え方を要する場合の例として，ソフトウェアエンジニアの独創性溢れるアルゴリズムの例についてはすでに何度か言及してきた。

　また，民生規格大型機器の携帯受信機能の各構成要素のうち，ほとんどがJ型である中で一部にL型のコンポーネントやアルゴリズムが組み合わされる場合についてもすでに例示した。何らかのアウトプットが必ず出る他のパートとは違い，この種の構成物に対しては，まったくの成果なしという覚悟，投資したリソースすべてをドブに捨てるという覚悟がいることとなる。

　上の2例に共通する技術課題解決の要点を今一度整理しておく。全体がJ型であるプロジェクトの中で，未知のブレークスルーが求められているパートがある場合，万が一その部分が完成あるいは達成されなくても，「普通の性能」の代替品は入手可能となっているものである。焦点の技術開発に失敗しても，その代替品を搭載すれば一応，製品全体はかたちづくられる，という筋書きである。

　この節で述べてきたいくつかの例を総括すると，そもそもある技術課題のJ型/L型分類の境界は不明瞭なのではないか，あるいはそれらを分類することにどれほどの意義があるのかという批判はありえるだろう。それに対する筆者の回答は，第一義的にはマネジャーが自分がマネージしようとする範囲によって判断することが求められることであり，第二義的には，マネジャーはリスク分散のために変換する手法も利用可能である，というものである。これには証明が必要で，その例として最もふさわしいと筆者が考えるのは新

車開発であり，それは読み手の想像や理解を得られやすいであろうと推測する。しかし自動車は筆者の技術者としての専門から見れば畑違いであるので，記述の信憑性の方を優先して，再度ここでは民生規格大型機器の携帯受信機能を例に採る。次の数段落の仮想シナリオは，第3章第3節から抜粋し加筆したものである。

　その民生規格大型機器の携帯受信機能プロジェクトは，P部長の発案でスタートした。彼の傘下にはハード，ソフト，前段設計，後段設計，基礎技術開発（社外パートナー），応用技術開発（部品部門）の6つの部分のチームが納められた。開発目標の製品である民生規格大型機器の携帯受信機能は，以上6つのパートを，ほとんど擦り合わせなしに組み合わせれば完成する。よって，このプロジェクト全体はJ型である。したがってP部長がマネージすべきプロジェクトはJ型であるという認識が必要である。P部長の傘下の6つのチームのほとんどもJ型であったから，それらをあずかる課長たちに求められるのもJ型技術課題に対するマネジメントである。

　ところが応用技術開発だけはL型であったから，この部隊を率いるV課長にだけは，L型なりの管理が必要となる。V課長は，応用技術開発を達成するために，一度にひとつの方法しか試さないのではリスクが大きく他と歩調を合わせて納期に間に合わせるといったことができなくなるかもしれないので，一計を案じる必要がある。経営資源的に許される限りの人員を投入して，複数のグループに同じゴールを目指させて，ブレークスルー（擬セレンディピティ）発生の確率を高める試みである。ただしこの手法を用いたところで，依然としてリスクがゼロになる訳ではない。だとするならば，ひとつでもミッシング・ピースがあったらパズルが完成しないという意味では，全体に責任を持つP部長も同じくL型プロジェクトに直面しているといえるのではないか。

　答えはノーである。V課長の応用技術開発というタスクのアウトプットがゼロになった場合でも，P部長にとっては標準性能の基礎技術という代替品が存在する。標準性能の基礎技術ならJ型で，それはすでにめどが立ってい

るが、もし高性能応用技術が開発できたなら、さらに機器が小型になって最終性能も良くなるという期待がある。ただし、それはできるかどうかわからない。まさにこの応用技術グループには未知のブレークスルーが求められている。万が一それができなくても、標準性能の基礎技術を搭載すれば一応、製品はできる、というシナリオである。よって、P部長があずかるプロジェクト全体は、やはりJ型であると考えてよいのである。

　この節のタイトルや、はじめの段落では、「ポジティブに言うならJ型/L型の変換可能性、ネガティブに言うなら境界不明瞭性」といった趣旨の表現を用いた。ここまで想定シナリオで説明してきて、今は、境界不明瞭性というネガティブな表現に甘んじるよりは、積極的に「J型/L型の変換可能性」と称したいと考える。

4 ／研究開発プロセス

　技術課題を解決し事業化するにあたって、企業内の川上から川下へと成果を引き継いでいくやり方は、昨今旗色が悪い。その形態は、電機業界を始め、産業界・実業界ではさながら前時代の遺物のようにみなされ、コンカレント・エンジニアリングが奨励されている。経営学界においても、たとえば今井（1990, p.26）のように、「日本の製品開発においては設計→試作→生産→販売という開発のフェーズを重複させる『オーバーラッピング・フェーズ・アプローチ』が本質的に重要な役割を持っている」といった論調のものも多い。この点に関して、本書ではJ型/L型分類のレンズを通した議論を展開する。

1. 順送り型と組織横断型

　図7.1は、Hara（2003）による製薬、あるいはこの文脈では創薬といったほうがふさわしいであろうが、その過程における4つの様相の関連を示す図である。ここに示されたような双方向性や広がりゆえに、Hara（2003）で

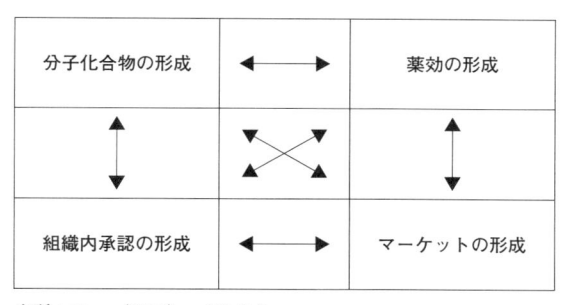

分子化合物の形成	⟷	薬効の形成
↕	✕	↕
組織内承認の形成	⟷	マーケットの形成

出所：Hara（2003）p.184より

図7.1　製薬における4つの様相の相関

は創薬はリニア・モデルとは一線を画すと結論付けている。なるほど図7.1に投影された創薬の一連の手続きは，高度にインタラクティブであり，ダイナミックである。

　ただ，筆者が以下で展開したいのは，そのHara（2003）のフェーズ，すなわち技術をマクロ的にとらえる以前のミクロの様相である。つまり技術やイノベーション全体がどこから来てどこへ向かおうとしているのかといった高所からの包括的な視線ではない。ひとりのエンジニアが目の前の技術課題に，今この瞬間どのように対峙し，どのように対処するのかという視点である。第3章第6節の「議論の範囲」で述べたように，本書のドメインはアプリケーションやマーケットを包摂しない。図7.1でいうならば，分子化合物の形成のフェーズだけを照射して議論するものである。

　研究開発から製品化にいたる企業内プロセスや組織の理想論を，J型とL型との区別を行わずに画一的に議論することは，大きな問題を内包する。本書では新出力デバイスの開発のような化学的なプロジェクトをL型の代表のひとつとして何度も例にあげてきたが，この化学的プロジェクトにおいてはいわゆる従来の線形モデルが未だに成立する，いやむしろその方が効率的であろうというのが筆者の主張のひとつである（線形モデルやリニア・モデルといった新しく用法が確立された洗練された用語では誤解を生じる可能性が

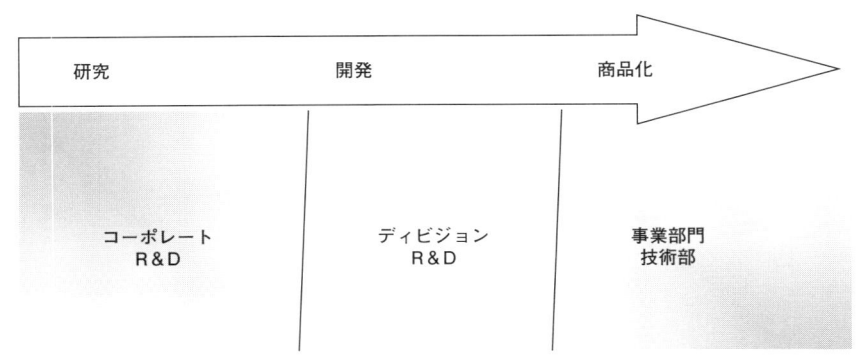

```
研究            開発            商品化  →

コーポレート    ディビジョン    事業部門
R&D            R&D            技術部
```

図7.2　ブレークスルー依存型技術の技術移管イメージ（順送り型）

高い[1]ので，ここではもっと原始的に「順送り型」とでも仮に呼ぶことにしよう）。この順送り方式がいまだに効率的であると筆者が唱えるのは，リスクが高い研究(たとえばデバイスの寿命延長ができるかどうか，わからない)は少人数の研究所で行い，成果の出たものだけを順次量産化のフェーズへと移管していくというプロセスは，理にかなったやり方であると考えるからである。この流れを，ある企業内の研究・開発組織が，コーポレートR&D（たとえば「中央研究所」），ディビジョンR&D（たとえば事業分野ごとの「開発センター」），そして事業部門（技術部や設計部）の3層から構成されていると想定した場合のイメージを図7.2に示す。逆に，こういったL型技術開発に対し，研究所と量産部署とが渾然一体となった研究・開発を行ったときには，大いなる混乱とムダが生じるのは自明である。くり返しになるが，リスクが高い研究を，たとえば研究所と事業部とが一体となって行っても，前に指摘した確率を上げるための人海戦術以上の効果は望めないどころか，アウトプットがゼロとなる可能性を考慮すると，混乱とムダのほうを心配したくなる。

　この意味において，昨今声高に論じられる「研究・開発からのリニア・モ

1　この点については，次項で詳細に議論する。

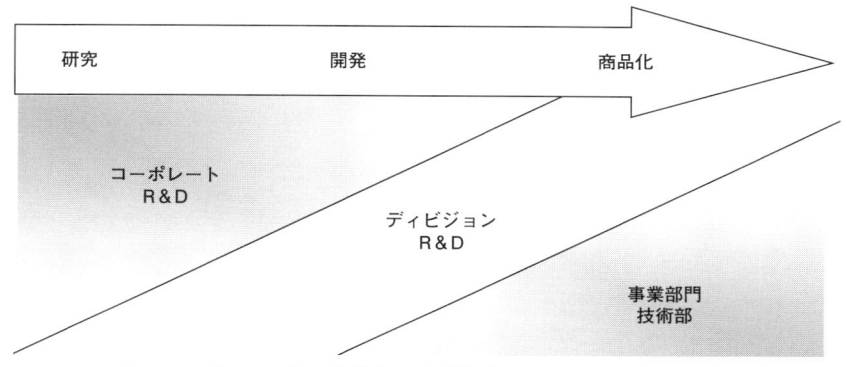

図7.3　リソース投入型技術の事業推進イメージ（組織横断型）

デルからの脱却」という主張には，諸手をあげて賛同することはできない。後述するように，リニア・モデルから脱却したほうが効率的である産業界が多いことは認めよう。しかし，化学業界のように，その手法が当てはまらない業界があるということも銘記されてしかるべきであるが，それがなされるためには，本書のような分類が広く認知される必要があるのかもしれない。

一方，J型の典型である新車開発や家電製品開発では，今井（1990），藤本・安本（2000）らの指摘を待つまでもなく，順送り型よりは研究所から事業部門（さらには商品企画や営業部門）が一体となった開発体制が効率的であることは容易に推測できよう。この様子を図7.3に示す。ここでも用語は既存コンセプトの侵害を避けるため，非洗練をねらい「組織横断型」とでも銘打っておく。ただし，これは今井（1990）では「オーバーラッピング・フェーズ・アプローチ」と呼ばれ，藤本・安本（2000）では「オーバーラップ型開発」と称されていたものに相当することはあきらかであろう。

J型では誰かの発見や発明を待っている必要はなく技術目標が明確であることから，文字通り，リソースを投入すればするほど成果は早く得られるし，性能向上も望むことができるのである。図7.3に則していうと，コーポレートR&Dもディビジョン R&D も事業部門技術部もなく，壁を取り払って技術者総動員体制を敷くぐらいのことがあってもよいだろう。

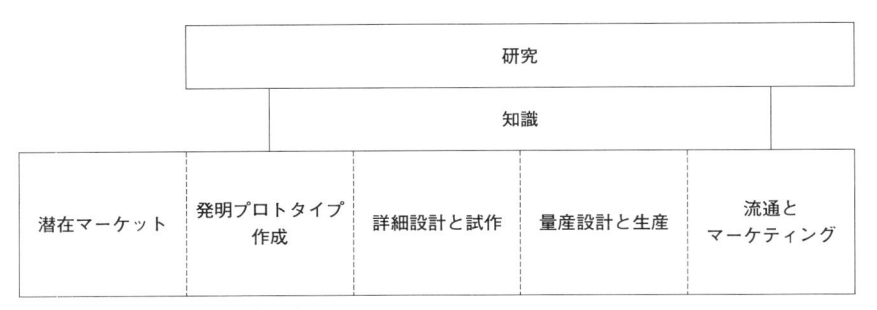

```
                        ┌─────────────────────────────────────┐
                        │              研究                    │
                        ├─────────────────────────────────────┤
                        │              知識                    │
┌──────────┬──────────┬──────────┬──────────┬──────────┐
│          │ 発明プロト│          │          │  流通と   │
│潜在マーケット│ タイプ   │詳細設計と試作│量産設計と生産│マーケティング│
│          │  作成    │          │          │          │
└──────────┴──────────┴──────────┴──────────┴──────────┘
```

出所:Klein. & Rosenberg(1986), p. 289

図7.4 Klineらによる連鎖モデル

2. リニア・モデルその他の先行研究

　前項で筆者が「リニア・モデル」という用語を避けたのは,Klein(1985),Klein & Rosenberg(1986)などによって否定されたモデルがまさにこれであったからである。ただし,「リニア・モデルが否定された」という日本語の語感からは,リニア・モデルが線形であるから否定されたという印象を与えるし,事実そういった解釈でレビューを展開する経営学者もいる。しかし,Klein(1985),Klein & Rosenberg(1986)によると,彼らがリニア・モデルを否定するのは,(1)フィードバックがないからであり,(2)研究だけがイノベーションのトリガーと言うわけではないからという理由であり,線形であることそのものが批判されているわけはでないことは,銘記されてしかるべきである。換言すると,リニア・モデルは,一方向的で,開始フェーズが限定されていることが,問題視されているのである。

　逆にKlein(1985),Klein & Rosenberg(1986)が提唱する連鎖モデル(図7.4)では,今井(1990)の総括によるならば,「研究と各開発段階との関係は,最初のデザイン段階だけではなく,詳細設計から生産にいたるまでの3つのすべての過程に双方向でかかわるのであり,これがこのモデルの1つの基本的な特徴であり,線形モデルと異なるとされる理由である」今井(1990, p. 22)。

　Klein & Rosenbergより引用する。

「一般常識と異なり，ほとんどのイノベーションのはじめのステップは，研究ではなく，むしろ設計である。こうしたきっかけとなる設計は，普通は発明，または分析的設計である。この術語「分析的設計」とは，既存の製品や部品の新しい組み合わせに関するリサーチ，プロセスのアレンジし直し，および，既存の最新の範囲内での新しい装置の設計を指し示す。

（中略）研究は，直面しているタスクに対し，蓄積された知識源が不十分な場合にのみ必要となる。

（中略）このチェーンの初期段階において，研究は関連する分野の基礎研究としばしば区別しがたいものとなる。後の開発では，研究はシステムへと向かい，さらにプロセスの問題となる。これらの形態の研究は通常は科学と認められないが，それでもなお，プロダクト・イノベーションを成功裡に完遂させるためには鍵となる。この種の研究の重要性は，ここ最近過小評価されてきたが，たぶんそれは，あまりにも単純化されたリニア・モデルではそれらすべてを研究の範疇から除外してきたことにもよる。

（中略）ある組織では，ハイリスクの革新的なイノベーションをとても効率的に行い，別の組織では，コストを削減し，商品をあらゆるニッチ市場に適合させる，小さな，積み重ね型，改善型のものを効率的に行う」(1986, p. 302)。

リニア・モデルに別の角度からスポットライトを当てたもの，すなわち基礎研究の必要性を今一度問いかけていると考えられる例として，次の山口他（2000）の議論をあげておこう。

「1970年代後半，技術力のキャッチアップに成功した日本の主要企業は，「先行指標を失った」として，ふたたび基礎研究を内部に取り込み始めた。しかし四半世紀に及ぶ「人」の交替は，研究の方法論をも変質させていた。科学と技術のフィードバック・ループは，科学研究の方法論を知悉して初めて意味を持つ。その方法論を知るリーダーを失った状況においては，基礎研究とは科学の側から技術を俯瞰するものではなく，あくまで技術の中で長期的な視野に立った研究をするものと再定義されたのである。（中略）

かくて日本流の中央研究所方式が確立した。そこでは，基礎研究，応用研究，開発研究のどれも事業に貢献することを目的としており，その差異は，その視点がそれぞれ長期的，中期的，短期的であるか否かである。各カテゴリーの研究者は，与えられた時間的視野において実現可能な目標を設定する。目標は，現在の技術を改善していけば当然辿りつける「決まった未来」を目指した技術革新であった。

不連続な技術創造のジャンプを考慮する必要のない目標設定にあっては，リスクを恐れることなくゴールに辿りつけ，確実に利益を期待することができる」（山口他, 2000, pp. 32-33)。

ここでの論点をKleinらの連鎖モデルになぞらえて解釈・分析する。上の引用の前半では，日本的な主要企業の中央研究所方式は科学研究の方法論を失った結果，基礎研究すなわち図7.4の最も高いところに位置するRESEARCH「研究」がおざなりにされているといい，後半では，現在の技術を改善していけば当然辿りつける「決まった未来」を目指した技術革新しか負担しえなくなっているという。この論旨の全体としては，山口他（2000）はKleinらの連鎖モデルを再評価したものといえるのではないだろうか。

その一方で，

「不連続な技術創造のジャンプを考慮する必要のない目標設定にあっては，リスクを恐れることなくゴールに辿りつけ，確実に利益を期待することができる」（山口他, 2000, p. 33)。

という叙述は，日本企業の研究が，本書の視野で言うJ型に偏向しているという警鐘であるとの解釈が可能である。従来の「研究か開発か」といった一元的価値観では，このように「決まった未来を目指した技術革新しか負担しえない」という命題が，すなわち「基礎研究がおろそかになっていること」を意味したかもしれない。しかし本書が図3.1で提示したような，研究・開発とブレークスルー依存型・リソース投入型との2次元配置的関連を想起すれば，山口他（2000）の嘆きの方向が一貫性を欠くものであることがわかるだろう。つまり上の引用の前半での反省は，基礎研究をもう一度充実させる

```
                    研 究            開 発

J型：リソース投入型
                    R & J           D & J

L型：ブレークスルー
    依存型           R & L           D & L
```

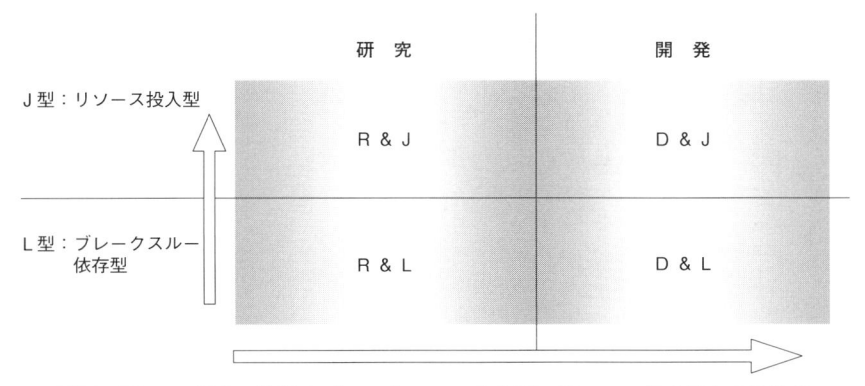

再掲　図3.1　研究・開発とブレークスルー依存型・リソース投入型との関わり

ことであるから，図3.1の左半分の2つのセルを充実させることと等価である。ところが後半の嘆きは，「不連続な技術創造のジャンプを考慮する必要のない目標設定」への不満にあるのなら，現状は図3.1の上半分に偏り，下半分すなわちL型（ブレークスルー依存）への挑戦の欠如を憂えていることになる。

　本書では，前項で間接的にではあるが述べたように，テーマ単位で見ればL型技術課題への挑戦は少なからずあるとの立場をとる。ただ，それが望ましい順送り型のマネジメントが行われるかどうかという観点での問題提起をするものである。

　もう少し具体的に述べよう。山口他（2000）の議論は，やはりHara（2003）でも述べたように，技術像をマクロにとらえようとするものであり，本書のようにテーマごとの位置づけを明らかにしたいというミクロな視点とは，厳密な議論は噛み合いにくいのかもしれない。

　その意味では，次の伊丹（1986）とはパースペクティブ，視点の広がりの程度といった点では整合しそうである。それは，リニア・モデルと本書のJ型/L型分類が交錯する点に投影されるもうひとつの例である。「セット屋（次の例ではビデオデッキのメカ・電気屋）」と「材料屋（同じくビデオテープ屋）」とが宿命的に持つ技術観の相違を浮き彫りにしているといえよう。

「コンフリクトのもう一つの種は、テープ開発グループの「材料屋的」思考とデッキ開発グループの「メカ・電気屋的」思考との間の質の違いである。

「機器システムの研究というのはある程度先の見通しがたつわけです。ですから研究開発をスタートする時点で、ある種のパート図（作業全体計画）が書けるわけです。どこにネックがあって、いつまでにこれが終わり、ここに到達できるだろう、という風なスケジュールができるわけです。ところが材料の研究というものは、あるものを考え、こういうものを作ればいいなあということを考えて、それに取り組むときに明日できるかもわからない。あるいは半年一年先になるかもわからない。そこでこうして、ここでああやってというスケジュールがたちにくいわけですね。ですから、偶然のファクターが非常に大きいのが材料研究、偶然のファクターが少ないのが機器システム」（伊丹, 1986, p. 63）。

これは現場感覚豊かな記述を含んでいるものであるが、本書との対比やKleinらの連鎖モデルへの挑戦として整理するために、ここでの議論をもう一歩押し進めよう。

伊丹（1986）のいう「機器システムの研究」は、本書の主張ではJ型にほぼ等しいことはもはや自明であろう。同じく、「材料の研究」はL型の特性の典型を描いている。偶然のファクターがL型で大きくJ型で少ないとの対比もきわめて興味深い。また、材料の研究のスケジュールのたちにくさは、筆者の主張に置き換えると、「順送り型」（もはやリニア・モデルと呼んでも差し支えないが）の体制を敷くほうが「組織横断型」よりかえってリスクが少ないという点に相通じる。機器システムの研究に関する描写（研究開発をスタートする時点で作業全体計画が書け、どこにネックがあって、いつまでにこれが終わり、ここに到達できるだろう、というふうなスケジュールができる）は、ダイナミックにリソースを投入した「組織横断型」の効用を述べているかのようである。概括すると、伊丹（1986）と本書とは、スタート地点または拠って立つところをほぼ共有していそうである。また、思考過程に

も大きな違いはないように見える。

　しかし瑣末なことのようで，実際には看過されるべきでない相違点は，上で引用した章の冒頭に置かれた次の伊丹の一文に潜んでいる。「ほとんどすべてのイノベーションの事例には，偶然と必然とが同居している」（伊丹，1986, p. 33）。この伊丹の語法にしたがいながら筆者の主張を強調すれば，J型は必然の，L型は偶然の産物である。上記の伊丹（1986, p. 63）の引用中の「偶然のファクターが非常に大きいのが材料研究，偶然のファクターが少ないのが機器システム」という表現も，筆者にいわせれば精度に欠ける。ファクターが「大きい」，「小さい」という程度の問題ではなく，事例の多寡の問題であると考えるので，筆者なら以下のような表現をとりたい。「偶然のファクターに依存する場合がほとんどであるのが材料研究，偶然のファクターに依存する例があまりないのが機器システム」。「材料研究」を「L型（ブレークスルー依存）」，「機器システム」を「J型（リソース投入）」と書き換えるならばもっと歯切れよく「偶然のファクターに依存するのがL型，偶然のファクターに依存しないのがJ型」と断言できることが本書の要諦である。このような論点も含め，本書の方が，より厳密なモデル化，理論化に焦点を合わせているといってもよいだろう。

　リニアとノン・リニア，2つのモデルの優劣ということだけに焦点をあてて論じるならば，Nonaka & Takeuchi（1995）も実は中立的である。ただし筆者が立脚する概念とはまったく異なる発想において，である。少し長くなるが，以下の引用が彼らの論点と筆者のそれとの違いを物語るだろう。

　「我々は，新製品開発に対する順次的な「リレー」アプローチと重層的な「ラグビー」アプローチを，（中略）ダイコトミーの対立項のように対置した。（中略）リレーでは，職能が専門化され各部署に分かれていて，分業が当然なのである。その大きな欠点の1つは，製品開発のリード・タイムが長いことである。しかし一方では，フェイズを追って進むこのやり方は，各フェイズごとにそれぞれの職能専門家達が完璧な仕上げを追求することを可能にし，高水準の性能を達成することが多い。

ラグビーアプローチでは，職能横断的なチームのメンバーが最初から最後まで一緒に働き，彼らの絶え間ない相互作用を通して製品開発のプロセスが現れてくる。我々は，（中略）企業が新製品開発を迅速かつ柔軟に行うにはラグビーアプローチが必要であると論じた。チーム・メンバーのあいだの絶えざる相互作用は，現状への挑戦，試行錯誤，新たな学習を促すのである。（中略）しかし（中略），チームの一致団結を維持しようと努力するあまり，性能水準の面で妥協してしまう危険もある。
　だが（中略），リレーアプローチと重層的なラグビーアプローチを，必ずしもダイコトミーの両極として位置づける必要はない。リレーアプローチから得られる高性能とラグビーアプローチから得られるスピードとのあいだの本質的な二律背反(トレード・オフ)は，両者の長所を活用する「アメリカン・フットボール」アプローチをとることによって避けることができる」（Nonaka & Takeuchi, 1995, 邦訳pp. 362-363）。
　照合しよう。Nonaka & Takeuchi（1995）がリレーアプローチを評価するのはその産物の「高性能」ゆえであり，ラグビーアプローチはその過程の「スピード」を支持している。この概念では，その対象物が何であるのか，どんな特性のものなのか，一切考慮していない。極論すると，L型技術課題であっても，ラグビーアプローチをとればスピード豊かな解決が可能であることとなるが，これには到底納得できるものではない。このことは，Nonaka & Takeuchi（1995）が議論し依拠している事例が，自動車や電機などの「セットもの・完成品」であることの陥穽であるのかもしれない。なぜなら，「セットもの・完成品」などである限り，Nonaka & Takeuchi（1995）の上の言明は誤りではないからである。L型技術課題にラグビーアプローチ（または組織横断型と言い換えてもいいだろう）が無効であることは前項で述べたとおりである。

5 ／J型/L型分類のマネジメントへの応用

　第6章の事例に埋め込まれたインプリケーションと今章の理論的考察とで，現在俎上に載せうるJ型/L型分類のマネジメントへの応用の素材は豊富にある。この章ではそれらを整理したうえで，実際のマネジメントに供するよう調理することを試みる。理想は，その調理された形態が，マニュアルあるいはアルゴリズムあるいはプログラムと呼ぶことが可能であるような道具立てとなること，すなわち入力条件を規定してやりさえすれば自ずとマネジメント手法が出力されることである。この章では以下，その状態をあくまでも理想と掲げ，マネジメント応用指針を考案していく。言い換えると以下で「指針」として提案するものが，マニュアル，アルゴリズム，プログラム，道具立てなどに値するレベルのものに達していることを，筆者自ら期待している。

　下の第1節以降，J型/L型分類のマネジメントへの応用の素材，すなわち第7章，今章での論点を整理するが，その順序について，ここでは第3章第7節で引用した藤本（2003）のメタファーに再度倣う。本書ではこれまで，研究・開発現場のフロアと同じ高さの目線から，一企業の経営者レベルの高さ，さらには企業間比較が可能な高さくらいまでの視点で議論してきた。ここからは逆に，本書の視点のもっとも高い，ややマクロ分析的視点から徐々に降下し，最後はもっとも実践的な現場レベルや担当者のフロアへと着地するつもりである。

1. カテゴリー別即断の危うさ

　まず，本章第1節で得た結論を再度要約する。技術者による分類をカテゴリー別に着目して整理すると，第1に「エネルギー」研究・開発は，すべて直感どおりにL型（ブレークスルー依存型）であった。第2に「デバイス」技術だからというだけでL型と速断するのは危うい。第3に「環境」技術はJ型/L型ほぼ拮抗している。最後に，一般の「セットもの」プロジェクトは，

原則としてJ型（リソース投入型）であることが確認された。これからマネジメント応用指針を引き出そう。

指針①　カテゴリーだけのJ型/L型分類判定は誤判断のもとであり，個々のテーマの事情を解釈して，第5章第5節で示したような判断基準を適用すべきである。

2. 技術課題のタイプ別マネジメント

技術課題のタイプ別マネジメントについては本章第2節で設定した仮説を下に再掲するが，これらの是非を検証するのは本書の範囲を越え，実現はできなかった。

仮説Ⅰ．J型（リソース投入型）プロジェクトとL型（ブレークスルー依存型）プロジェクトとでは，異なったマネジメントが要求されるであろう

仮説Ⅱ．研究開発本部方式のマネジメントというものがあって，これは事業体のそれとは異なるとすると，研究開発本部方式のマネジメントはL型のプロジェクトに有効であるだろう

仮説Ⅲ．また，SE（エナジー事業部）もL型プロジェクトの主幹となることが多いことから，研究開発本部方式のマネジメントを共有し，実践しているであろう

仮説Ⅳ．逆に他の事業部はJ型プロジェクトに適したマネジメント法を有しているであろう

仮説Ⅴ．J型プロジェクトに参加する研究開発本部のエンジニアは，事業部式のマネジメントに従うであろう

ここではより実践的に，これらの仮説が成立することを前提とした場合のマネジメント応用指針を提案することが許されるものと想定する。さらに，金井（1991）が発見した技術者の抱く蓄積型モデル/即応型モデルのコンセプトも援用する。

指針②　J型プロジェクトには事業体的または即応型モデルのマネジメン

トを，L型プロジェクトでは研究所的または蓄積型モデルのマネジメントを適用するのが妥当である。

3. 順送り型と組織横断型プロジェクト

リニア・モデルをめぐる議論については次のように要約し，指針を抽出しよう。J型の典型である新車開発や家電製品開発では，順送り型よりは研究所から事業部門（さらには商品企画や営業部門）が一体となった開発体制が効率的である。J型では誰かの発見や発明を待っている必要はなく技術目標が明確であるから，文字通り，リソースを投入すればするほど成果は早く得られるし，性能向上も望むことができるのである。このようにリニア・モデルから脱却したほうが効率的である産業界が多いことには違いない。しかし，化学業界のように，その手法が当てはまらない業界があるということも銘記されてしかるべきである。

指針③ J型技術課題では組織横断型プロジェクトでスピードと性能とをともに求めることが可能である。しかしどのような技術課題にもすべからくそれが有効であるとは限らない。L型技術課題では順送り型（リニア・モデル）の方が理に適っている。

4. L型（ブレークスルー依存型）の課題をJ型（リソース投入型）に変換する方法

これは，本章第3節の前半部分の次のような記述から直接導かれる。たった一通りの「正解」にたどり着くために，ひとりでは一通りずつしか確かめられないために偶然や思いつきに頼る（セレンディピティ）しかないところを，たとえば人海戦術などで一気に勝負をつけてしまおうという考え方である。これは理論的にはL型の課題をJ型に変換する方法といってよいだろう。

指針④ L型の課題をJ型に変換する方法としては，圧倒的な投資によってセレンディピティの生起確率を飛躍的に高める方法がある。

5. 全体としてJ型（リソース投入型）のプロジェクトで部分的にL型（ブレークスルー依存型）の課題をマネージする方法

これは，本章第3節の後半の記述そのものといってよい。全体がJ型であるプロジェクトの中で，未知のブレークスルーが求められているパートがある場合，万が一その部分が完成あるいは達成されなくても，「普通の性能」の代替品は入手可能となっているものである。焦点の技術開発に失敗しても，その代替品を搭載すれば一応，製品全体はかたちづくられる。

指針⑤ 全体がJ型であるプロジェクトの中で，一部L型のパートがある場合は，万が一その部分が失敗に終わっても代替品の入手を手当てしておけばよい。

6. 現場でのマネジメント

事例からの要約は，第6章第4節で記したように多岐に渡っていた。以下に再掲する。

Ⅰ. 技術カテゴリー別J型/L型分類（発見と常識からの乖離）
Ⅱ. J型/L型分類別マネジメント（研究開発本部／事業体）
Ⅲ. 組織内でのリスク認識のレベル（意思決定の合理性）
　第1種のバイアス（L→J）
　［1］幹部の「無理解」
　［2］技術成果受け入れ担当側の「過誤」
　［3］技術課題担当側の「説明責任不履行」
　［4］稟議を通さんがための「粉飾」
　［5］見かけだけの「誤判断」
　第2種のバイアス（J→L）
　［1］事業リスク吸収のための「虚偽申告」
　［2］事後に生まれる「神話」
　バイアス回避

[1] 事務系だからできた「英断」
　[2] 第1種のバイアス（L→J）の「回避」
　[3] 技術者同士がL型判定で一致した場合の「デッドロック」

　しかしここから思い切ってエッセンスだけを抽出するなら，次のようにいってもよいのではないだろうか。
　指針⑥　技術課題のJ型/L型判定の精度を上げるためには，幹部もマネジャーも事務系社員も，自身の独断や二次的情報を避け，できるだけ現場の担当者に一次的判断をさせ，それを吸い上げること。このとき細心の注意をもって回避すべきは，情報が発信されなかったり，情報の流れが滞ったり，情報にバイアスやフィルターがかかったり，情報が意図的に歪められることなどである。

7. 組織階層での認識の一致

　組織階層での認識の一致に関しては，以下に抜粋した第6章の最終項で得た好ましい状態の順序そのものを指針としてもよいくらいであるが，あえてその下に述べるような指針に圧縮しよう。

①担当者（担当者同士），上司，幹部が同じ技術観を共有していること
②判断に個人差がある場合で，担当者から上司，幹部にいたるまで，それぞれに主体的・自律的な判断は持っているが，一致していないという状態
③無知・無為により判断がなされていない状態
④最も回避すべき状態は，故意または過失によって判断が歪められている場合
番外　理想の状態でありながら想定しておかなければならないケースは，全員の判断が同様に誤りである場合

指針⑦　ある技術課題に対して，担当者（担当者同士），上司，幹部が同じ技術観を共有していることを理想とする。ただし，全員の判断が同じであっても，全員の判断が同様に誤りであるケースも想定しておく必要はある。

　以上，本章で述べてきた指針①〜⑦をもって，それぞれの素材が，マニュアル，アルゴリズム，プログラム，道具立てとしてマネジメントに供することができる程度に調理されたものと考えたい。
　この地点で，第4章の終わりから分岐して探索してきた2つの道，ジャッジメントとマネジメントのそれぞれの目標点に到達したものとし，次にマクロ分析，そして最終章へと進もう。

8 パズル理論のマクロ分析への応用

　前章までで，組織の中でのジャッジメントとアプリケーションの問題，いわば本書のJ型/L型分類のミクロ分析と応用について論究した。議論を展開する最後の章として本章では，組織や企業のフレームワークを超えた産業界横断的な検証，いうなればマクロ分析への応用について考察する。

1　投資の意味

　次のインプリケーション例として投資の意味合いを考えてみよう。J型(リソース投入型) に投資するのと，L型（ブレークスルー依存型）に投資するのとでは，まったく意味合いが異なることが，もはや理解できるであろう。L型への投資は投機的とすら言え，ゼロ・リターンを覚悟しておかなければならないのに対し，J型では開発費の回収は，開発の成否の心配がない分，むしろその開発成果をどう活かすかの方に重点が置かれる。この点で，従来の研究開発投資効率がJ型とL型とを区別しないまま議論されていることは，危険ですらある。たとえば，産業界をまたいで，企業のAnnual Reportの数字から「過去数年間の研究費総額対ある年の営業利益」を算出・比較する，といった例がある。

　榊原（2003b, 2005）によると，村上（1999）は1970年頃から90年代後半までを分析して，研究効率が低下していることを指摘した。村上（1999）のユニークな点は，研究開発効率の計算法にあり，研究開発が経営実績に表れるためのタイムラグを設定し，それを計算式に盛り込んだことである(10.1)。

$$\text{研究開発効率} = \frac{\text{5年間の累積営業利益率}}{\text{その前の5年間の累積研究開発費}} \quad (10.1)$$

同じく榊原（2003b, 2005）によると，児玉（1991）は，日本の主要企業における研究開発費と設備投資額とを比較し，1986年頃を境に，研究開発費が設備投資額を上回ったターニングポイントを成したことを明らかにしている。

後藤（2000）での引用は和田・春日（1995）であり，「1980年代後半のいわゆるバブル景気のおりにも，GDPと設備投資が大きく伸びた割には，研究費の伸びはかつてほどではなかったと指摘している」（後藤, 2000, p.12）。

ここにあげた分析は，それぞれに立派な主張や論点を持っている。研究開発効率のタイムラグの定式化（村上, 1999），研究開発費が設備投資額を上回ったターニングポイントの指摘（児玉, 1991），逆にその次の時期では研究費の伸びがかつてほどではないこと（和田・春日, 1995），などがそれである。しかし本書のコンテクストでの不満は，どの分析も産業特性のバリエーションを考慮していないことである。村上（1999）の分析対象は，重電，家電，自動車などの9社の有価証券報告書をベースにしている。児玉（1991）は，研究開発費は総務庁（当時）の，設備投資額は通産省（当時）のそれぞれデータを用い，研究開発費上位50社を対象にしているので，上記のような業界に加えてエネルギーや製薬を含むなど，当然のことながらカバーしている企業のドメインは相当広い。和田・春日（1995）の分析対象も総務庁（当時）の「科学技術研究調査報告」であり，むしろ産業を特定するほうが無理であろう。

ここまで述べてきたら，もう多くを語る必要はないだろう。本書の主張からすれば，上の例それぞれの分析や発見に敬意を払いつつも，J型とL型とをまったく同じ土俵で議論することには疑問を呈さざるを得ないのである。研究開発をマクロで論じることすべてが悪であるとはいうつもりはない。しかし，たとえば産業別特性を平準化するインデックスの導入などが議論されてもよいのではないだろうか。定量的検証は今後の課題とするが，たとえば

製薬が技術の不確実性が高い業界であるとして（延岡，2002b），この業界が研究開発に投じる資源の売上げに対する比率と，それを回収できるパーセンテージとは，たとえば技術の不確実性がもっとも低いとされる食品（延岡，2002b）のそれらと，直接比較して意味があるものとは考えられない。こうした産業界別の構造については次節で考察することとする。

2／産業界別考察

さて，本書で提案された分類法の，産業界別の当てはまり具合を検証しておこう。まずは電機業界から。結論から先に述べると，多くの電機会社はL型技術に頼る事業と，J型の解を要する事業とを1社の中に持っている。さらに詳細に見ると，両者の比重がバランスしているところと，どちらかに偏っている企業群とがある。今，この偏りは問題にしていないし，まして善悪の問題でもない。ただ単に，程度の差はあれ電機業界では，ブレークスルー依存型事業とリソース投入型開発事業とが1社の中に併存しているということの指摘である。

次に自動車業界であるが，前章で触れたように，製品開発の主流が新車開発であるということを前提にすれば，この業界の研究開発のメインストリームは，J型である。ガソリンエンジンを動力とするという基本の骨格を大幅に変えることなく，100年にもわたる期間，ユーザーニーズを満たすモデル・チェンジを繰り返してきているといえるのではないだろうか。新世代の自動車，ガソリンと電池のハイブリッド車や純粋な電気自動車など，比重を増してきてはいるが，ガソリン車はなかなか主役の座をあけ渡しそうにはない。一部で囁かれる「次々に新製品が生まれた電機業界と違い，自動車業界には自動車しかなかったのが，逆に幸いし，（特に日本企業にとって）繁栄が長く続いている」という説にも一理あろう。今後，もしもブレークスルー型技術が登場したとしても，大規模なインフラの転換が必要となるなどの理由により，しばらくはガソリンエンジンの天下が続き，したがってリソース集中

型技術課題のマネジメントの巧拙が自動車会社経営の命運を握りそうである。

さて電機と自動車との対比といえば，三品（2002a, 2005b）は一貫して次のような趣旨の指摘をしている。少し長くなるが引用する。

「……単一巨大事業（自動車）と複合中型企業（電機）の差である。

（中略）一つの製品群だけで10兆円という事業体ができあがるのは，おそらく自動車をおいて他にない。（中略）中央集権的な職能組織の下で全従業員がひたすら良い品をより安く造ることに専念すればよいのである。（中略）経営そのものは規模が大きい割には単純と言ってよい。

それに比して，電機の経営は難しい。（中略）数兆円という売上げの背後には何十何百という多様な事業の集積がある。（中略）

問題は多様性だけではない。数の多さにも目を見はるべきものがある。同じ技術または市場規模を持つという意味で最小経営単位となる事業の括りを見ると，中には数千億円の規模に達するお化け事業もあるにはあるが，大半はせいぜい数百億円という規模である。（中略）こういう中型の事業を何十と，または何百と集めてできあがるのが日本の主要電機メーカーなのである。（中略）

電機の経営では（中略）数多くの事業の内容を評価し，互いに絡み合う事業間の資源配分を決め，複数の事業体に影響の出る意思決定を調整し，その上で会社の内外に対する説明責任も果たしていかなければならない。経営の複雑性は自動車の比ではない。（中略）

自動車のように単一ビジネスで成り立つ企業は，日々のオペレーションと事業戦略に専念すればよい。（中略）ところが電機では個々の事業体が独自の事業戦略を必要とするのに加えて，事業体の集積を束ねる本社が独自の，そして重要な機能を担う必要がある」（三品，2005b,pp. 342-344）。

三品の命題は，経営戦略または経営者そのもののようであるから上のような記述となっているが，この引用全体を技術課題を中心とした書き方に改めたとしても，事実には反しないだろう。電機ビジネスのダイバーシティは，技術経営も困難なものにしているのである。

製薬業界に関しては，画期的新薬，すなわち全面的に新しい分子構造を持つものを発見するにはセレンディピティが必要であることは定義通りである。また，業界内では「マイナー・チェンジ」であるとして軽視されているかもしれない，既存薬の一部の基を置き換えただけのような新薬も，本書の議論に照らせばL型である。なぜなら，いくら変化やインパクトが小規模であるとはいえ，本書の分類は技術変化の規模を一切問題にしておらず，事前に「リ・ス・ク」があったか否かだけを問題にしているからである。その意味で，置き換え可能な基を発見し得たことは，それだけでセレンディピティの所産でありブレークスルーなのである。したがって本書では，製薬業界をL型の代表として論じてきた。

　ここで，産業界横断の技術経営の難易を論じたもうひとつの研究として，桑嶋（2000）を見ておこう。

　「……製品開発の過程は「問題解決（problem-solving）」の過程としてもとらえられるが（中略），この観点から捉えた場合，自動車をはじめとした多くの産業の製品開発においては，問題解決のための「解」の各代替選択肢を選んだ場合の結果の予測は比較的たてやすい。たとえば，自動車でいえば，こういう能力を出すためには，エンジンはこれ，サスペンションはこれといったことが事前に予想できる。つまり最初から問題に対する解の絞り込みがかなりの程度可能で，またそうした製品の作り方についての知識も十分にある。それに対して医薬品の場合は，実際に化合物（製品の候補品）を合成あるいは天然物から抽出して評価してみなければ，それらが目標とする薬効をもっているのか，あるいは毒性はないのかといったことがわかりにくい（＝「結果不確実性」が高い）。しかも，目標とする化合物の作り方すらはっきりしていないため（＝「原因不確実性」が高い），とにかくいろいろな化合物を作って試してみるしかないのである」（桑嶋, 2000, p. 110）。

　「医薬品の開発は自動車のように製品開発の最初に立てられたコンセプトに合わせて製品を作り上げていくのではなく，開発の過程で，各種のテス

トを通して製品の詳細な特徴（プロファイル）が徐々に明確化していくと
　　いう点に特徴がある」（桑嶋, 2000, p. 127）。
ここまでの議論には，まったく異論がない。自動車と製薬とを1対1比較するということに違和感を禁じえない読み手がいるかもしれないが，桑嶋（2000）は，少なくとも上に引用した部分については丁寧に焦点を絞って，立派な分析となっているといえるだろう。
　このように見てくると産業界によって最適な研究・開発のタイプは異なるが，もしも電機業界の研究開発マネジメントがとりわけ難しいとするならば，その一因は，J型とL型とが併存している業界であるから，という総括で間違いはないだろう。

9 まとめと今後の課題

　本書全体をまとめるにあたり，序章で述べたリサーチ・クエスチョンや目指した到達点を再掲する。
- 人・モノ・金をかけさえすれば達成できる技術課題とは何か
- それは「技術観」と体系付けられるものなのか
- そういった技術の見方は，ひとつの組織の中でどのように共有されるのか
- ひとつの組織の中でも，個人のバックグラウンドによって左右されるのか
- それらから技術経営の命題として有用なインプリケーションを引き出すことができるのか

　また高い理想として目指した到達点は，上の「人・モノ・金をかけさえすれば達成できる技術課題」の定義が成立すると仮定して，第1に技術経営のジャッジメントを評価することができ，第2にマネジメント執行に供することができることであった。

　本書は上のリサーチ・クエスチョンに答え，そして理想の地点に到達したのだろうか。

1 / まとめ

　本書では，技術課題を

J型（リソース投入型）：人・金・モノ・時間をかけさえすれば必ずアウトプットは出るもの

L型（ブレークスルー依存型）：完成するかどうかわからないリスクのあるもの

の2種類に分けて考えうることを提案した。

　それらに加え，この分類を一般的な「研究」・「開発」と言う概念と直交させることによって，「リソース投入で達成できる研究」や，「ブレークスルーの必要な開発」といった，直感的には決して得られない事象の存在が明らかにされた。「ブレークスルーの必要な開発」なら，どんなに容易そうに見えていようと，どんなにスケールが小さくとも，成果がゼロとなることを想定しておかねばならないのである。

　J型/L型分類が，一企業の技術者の間でどの程度の一致を見るのかを検証した。また技術系社員と事務系社員とが持つ「技術観」の相違を明らかにした。

　その後，本書のJ型/L型分類が目指した，ジャッジメントとマネジメントのそれぞれの到達点を以下に要約しておく。

　ジャッジメントに関するひとつの到達点は，L型技術課題と判断される基準のキーワードとして，予測不能性，技術的不確実性，非技術的要素の3つの題目とそのサブセット12個を設定した。逆に，技術的先行性と数値的目標にカテゴライズされるワードの数々は，見かけと違いそれだけではL判定の材料とはならないばかりか，誤判断の誘引となりうるものである。

　この第1の到達点を基準として次に掘り起こしたのは，事務系と技術系との根源的な判断プロセスの相違であった。事務系の人々は，ある技術テーマをJ型/L型分類するに際し，提示された情報の中に予測不能性，技術的不確実性，非技術的要素などL型を象徴するキーワードがなく，技術的先行性と数値的目標に関するものしか発見出来ない場合，従順にJ型であると判断するしかない。これに対し技術系の人々は，自分が持つ予備知識や技術一般の常識などを総動員して行間を読み，予測不能性，技術的不確実性，非技術的要素などを見い出したときにはL型であるという判断を自ら下しうるので

あった。

マネジメントへの応用を総括するためには，以下の指針のリストがすべてを物語るだろう。

指針① 技術テーマが属するカテゴリーだけでのJ型/L型分類判定は誤判断のもとであり，個々のテーマの事情を解釈して，第5章第5節で示したような判断基準を適用すべきである。

指針② J型（リソース投入型）プロジェクトには事業体的または即応型モデルのマネジメントを，L型（ブレークスルー依存型）プロジェクトでは研究所的または蓄積型モデルのマネジメントを適用するのが妥当である。

指針③ J型（リソース投入型）技術課題では組織横断型プロジェクトでスピードと性能とをともに求めることが可能である。しかしどのような技術課題にもすべからくそれが有効であるとは限らない。L型（ブレークスルー依存型）技術課題では順送り型（リニア・モデル）の方が理に適っている。

指針④ L型（ブレークスルー依存型）の課題をJ型（リソース投入型）に変換する方法としては，圧倒的な投資によってセレンディピティの生起確率を飛躍的に高める方法がある。

指針⑤ 全体がJ型（リソース投入型）であるプロジェクトの中で，一部L型のパートがある場合は，万が一その部分が失敗に終わっても代替品の入手を手当てしておけばよい。

指針⑥ 技術課題のJ型/L型判定の精度を上げるためには，幹部もマネジャーも事務系社員も，自身の独断や二次的情報を避け，できるだけ現場の担当者に一次的判断をさせ，それを吸い上げること。このとき細心の注意をもって回避すべきは，情報が発信されなかったり，情報の流れが滞ったり，情報にバイアスやフィルターがかかったり，情報が意図的に歪められることなどである。

指針⑦ ある技術課題に対して，担当者（担当者同士），上司，幹部が同じ技術観を共有していることを理想とする。ただし，全員の判断が同じで

あっても，全員の判断が同様に誤りであるケースも想定しておく必要はある。

最後にマクロ分析上の問題として，J型，L型それぞれのテーマにより，経営の実践上，それぞれの投資の評価基準が異なることを指摘した。また，電機，自動車，製薬など，産業界によって異なった議論が展開されることも示した。

2 今後の課題

まずは，本文中であげた今後の課題を目標が抽象的・包括的であるものから具体的・部分的なものへと，順に列挙する。
・MOTの本質として新規事業創造のメカニズムを解明すること。「研究・開発」がその中核を成すと仮定するのが自然であろうが，その仮定そのものの一般的妥当性を検証すること。

この問題にはまず実証面での取り組みが不可欠であろうが，それには具体的な方針を策定することから着手する必要がある。

一方，この問題を概念的にもとらえようとするならば，その有力な指針となるかもしれないのが，本文中で自問した次のような命題であった。

　……帰納/演繹という区分とJ型/L型分類とは存在する次元が異なっている（中略）。前者は文字通り手法の問題であって，本書が問題にしている後者は，技術課題そのものが持つ属性に着目しているのであり，しかも絶対性よりも相対性を重んじて技術観として捉えようとするものである。前の章では，研究・開発の分類とJ型/L型分類とを2次元的に併置してパースペクティブを与えた。しかし上のように，帰納/演繹とJ型/L型分類との次元を議論するならば，実は研究・開発の分類は，両者の中間の次元に存在しそうであり，そうであるならば，研究・開発の分類とJ型/L型分類とを2次元的に併置するのは理論的・観念的な厳密性には目をつぶって，

実用面の利便性を強調するために用いた便法であったといえるのかもしれない。
- J型（リソース投入型）とL型（ブレークスルー依存型）とを峻別しないまま、まったく同じ土俵でミクロ的あるいはマクロ的に議論することに対する、定量的反論。技術の不確実性が高い業界が研究開発に投じる資源の売上げに対する比率と、それを回収できるパーセンテージとは、たとえば技術の不確実性がもっとも低いとされる業界のそれらと、どういった関係にあるのか。さらには、産業別特性を平準化するインデックス考案なども研究課題である。
- 技術課題のタイプ別マネジメントに関する下の仮説の成否の検証。

  仮説Ⅰ．J型（リソース投入型）プロジェクトとL型（ブレークスルー依存型）プロジェクトとでは、異なったマネジメントが要求されるであろう

  仮説Ⅱ．研究開発本部方式のマネジメントというものがあって、これは事業体のそれとは異なるとすると、研究開発本部方式のマネジメントはL型（ブレークスルー依存型）のプロジェクトに有効であるだろう

  仮説Ⅲ．また、SE（エナジー事業部）もL型（ブレークスルー依存型）プロジェクトの主幹となることが多いことから、研究開発本部方式のマネジメントを共有し、実践しているであろう

  仮説Ⅳ．逆に他の事業部はJ型（リソース投入型）プロジェクトに適したマネジメント法を有しているであろう

  仮説Ⅴ．J型（リソース投入型）プロジェクトに参加する研究開発本部のエンジニアは、事業部式のマネジメントに従うであろう

- どれだけの数のエンジニアが、彼または彼女のキャリア全体の中で、どのくらいの頻度でJ型とL型との間を行き来するといったことを経験するのか。そしてそれはエンジニアの技術観（J型/L型判定）やキャリア形成にどのような影響を及ぼすのか。

・事務系に特徴的なひとつの技術観,「技術屋がお金をかけて仕事として取り組んでいるのだから,必ず結果が出るものと想像している」,これを持つに至るのは,学生時代に何を学んだかというよりは,入社後どういった職務履歴を経たかに左右されたのではという仮説の実証。

次に,本文中では触れなかったが,もっとも卑近な次の課題としては,本書の分類法の問題が当てはまる事例を蓄積することもあげておく。手近なところからはじめるなら,過去の技術課題の事例を蓄積することだろう。特に,L型の成功と失敗,J型の成功と失敗,それぞれのプロジェクト管理法,技術系の認知と対応,事務系の認知と対応などの視点。

また,技術プロジェクトの事前と事後とでJ型/L型分類はどの程度一致できるのか,時間の経過とともに食い違ったのかといった視点でケースを増やすことなども意義がある。

さらに事例既述は,製造業からその他の産業へと拡張することを視野に入れたい。

3 ／ 経営学研究への私見

1. 経営学研究の条件

とりわけ経営学の研究において,満たすべき要素が3つあると筆者は考えている。

　①出発点としての,素朴な疑問
　②中間地点での,発見事実の確認
　③到達地点としての,結論に対する感銘(度合いは問わず)

これらのうち,どれひとつを欠いても,研究としては不完全なものの烙印を押されても仕方がないとさえ思う。

リサーチ・クエスチョンの設定にあたっては,当たり前と思われることに対しても,恥も外聞もなく「なぜ?」と問いかけているだろうか。仮説が確かめられたと思えたときや新たな事実を発見したと思えたときに,今一度冷

静に「本当か？」と自問しているだろうか。そうした疑問が氷解したときに，程度はともかく「なるほど！」と唸らざるを得ないような結論が得られているだろうか。

筆者が経営学研究において目指すものは上記3要素を満たすことであり，それ以上でもそれ以下でもない。あえてこのようなことを述べるのは，経営学の論述のうち筆者にとって説得力に欠けると感じられるものは，①上記三要素のどれかを満たさないか，②それらを踏み越えた仮説，提言，「一般法則」などが導出されている，のどちらかだからである。

沼上（2000a）はその意欲作「行為の経営学」を，経営学教育に対するインプリケーションと題して，次のような叙述で締めくくっている。

「……企業の世界に関して，そこに観察される「規則性」や用語などを思考の契機として発展してきた経営学は，他の学問分野よりも企業経営に関する反省的思考法を開発する上で有利であると共に，（中略）企業における実践生活そのものよりも思考法教育の契機として有利であると思われる。実際の経営実践に携わっている反省的実践家との対話を通じて，論理的に体系化された独自の観点を構築し，現代企業社会に参加していく学生たちに反省的思考法を身につけさせていくことこそ，経営学の目指すべき姿なのである」。（沼上, 2000a, p. 254）

これは，経営学教育に対する，真摯で謙虚な態度と言えよう。そしてそれは，上記三要素とも十分整合性が高いものであると理解してもよいだろう。なぜなら経営学の教育現場における理想の状態が次のようなものとして描かれているのであろうし，その意味でまさしく，上記三要素と符合していると解釈するからである。

①思考の契機を与えるための「規則性」や用語などのインフラストラクチュアが整備されており，
②反省的思考法を開発し，常に客観的に自問することを身につけ，
③経営実践に携わっている実践家との対話を通じて，論理的に体系化された独自の観点を構築する

ただし,「反省的実践家」という語法の利便性に覆い隠されがちな陥穽については，石井(2003)に関連して本書でも述べている。また，加護野(2002, 2003)も参考になるだろう。

2. 経営学研究の方法論

　社会学・経営学の方法論的アプローチについて，さまざまな二元論やその折衷的方法が議論されている。筆者はそれらのどれか，または一方の極に拘泥するのではなく，あえて機会主義的に方法を採択していこうと思うし，積極的に両義的（Ambivalent）でありたいと思う。なぜなら，原理主義的にひとつの主義主張に献身的にすぎるあまり，上で述べた経営学研究の目標から逸脱するという本末転倒を恐れるからである。

　　Marton(1949)：特殊理論 ⇔ （中範囲の理論） ⇔ 一般理論
　　伊丹(2001)：観察結果法 ⇔ （論理重合体合成法または論理重合法）⇔ 演繹論理法
　　坂下(2002)：機能主義 ⇔ 解釈主義
　　沼上(2000a)：変数のシステム ⇔ 行為のシステム

　沼上(2000a)の方法は，行為のシステムの記述を強調しつつも，究極の目的はそれを再度変数システムに還元することであり，それゆえ坂下（2002）によって「沼上の方法はむしろ,『マートンの機能分析パラダイム』にしたがった方法」と位置づけられている。

3.「研究開発」研究について

　経営学において，なぜ「研究開発」や「商品開発」が，その体制や効率を問題にされるのだろう。「製造」については過去から研究例が豊富にあるとしても，他の会社機能，たとえば営業（マーケティング）の体制や効率はなぜ「研究開発」ほどには研究されないのだろう。経理，総務，人事なども同様である。

　仮説1　開発ストーリーが面白いから

……ヒット製品の開発ストーリーを読むのは面白い。(中略) 一流の書き手のものは資料価値も高く読み応えがある。また，実際に新商品開発に携わった関係者の話を聞くのはもっと面白い(藤本，1995, p. 9)。

　ただしこの観点には，石井 (1993) によって，開発ストーリーの多くは「神話」であるとして疑問が投げかけられている。石井は「マーケティングの神話」と題しているが，その内容の多くの部分は「開発秘話の神話」と解釈できよう。

仮説 2　製造業にとって研究開発こそが，成長の原動力，あるいはそもそもの存在理由であるから

　この説そのものに異論の余地はない。他の会社機能，営業（マーケティング），経理，総務などに比べて，あるべき開発体制や効率を定式化できれば価値が高い，企業の発展に資する可能性が高い，と考える動機は理解できる。しかしだからといって，「研究開発」行為が他の会社機能に比べて，あるべき体制や効率がより厳密に議論（定式化）できると仮定するのだとしたら，その根拠は何だろう。

仮説 3　研究開発はほとんどの場合自然科学を扱う部門であり，その成員の行動が理屈で解明できそうだから

　営業と比べてみよう。強い営業組織と販売実績を持つ企業群があるとして，それらを経営学の立場から体系化，定式化しようとするだろうか。しない，とするならばそれは次のような「常識」によるのではないだろうか。

- 営業実績と営業体制との間の相関はきわめて弱い，もしくはまったくない
- 営業実績は属人的な要素がきわめて強く，体系化が困難，または体系化の意義が低い

筆者は，研究開発も人の営みである以上，同様の「常識」があてはまるのではないかと危惧する。すなわち「成功する製品開発」の定式化には悲観的である。この諦観は，沼上 (2000a) が見事な手際で理論立てた，社会現象に

おける不変法則樹立の困難さに通じているものと理解している。

　これに関連して沼上（1999, pp. 23-24）は，「技術革新に関連する多様な活動を行為システムの歴史的な展開を記述しながら明らかにするという場合には，単一事例の事例研究以外には，他に利用可能な研究手段は存在しない」（傍点引用者）とも述べ，その単一事例研究の対象として液晶ディスプレイの技術革新史が選ばれている。

　一方，製品開発の分析視角に関する藤本・安本（2000）の自省と提言は次のようなものである。

　「……未調査の産業・製品分野を探して製品開発研究を行うことは難しくないとしても，そこから持ち帰ったデータを，既存の研究蓄積との関連で評価し，従来の研究の中に正確に位置付けることは容易ではない。このように他の研究との関連を把握することなく，単にさまざまな個別産業・製品分野の研究が簇生していくだけでは，この種の「未踏峰登山ラッシュ」はかえって知的混乱を招き，早晩行き詰まってしまうだろう。

　こうした問題に注意しながら，本書で試みたのは，個別産業・製品分野ベースの実証研究に対して，ひとつの「地図」を提供することであった。（中略）「効果的な開発パターンはいかなるものか」という問題について，産業・製品分野間の相違を系統的に理解可能とするような地図を探ってきたのである」（pp. 326-327）。

　一旦，「効果的な開発パターンはいかなるものか」という仮説の立て方に対する議論はさておき，ここで用いられた地図のメタファーを用いて，沼上（1999）と藤本・安本（2000）の業績に対する筆者なりの解釈を示しておこう。藤本らがいわば各地の航空写真から，多数の俯瞰図を起こそうとしたとするなら，沼上は地点を定め，その地の歴史と実用地図とを記述しようとしたと言えるのではないだろうか。ここで筆者は二者の優劣を論じているのではなく，アプローチの違いを強調しているのである。

　筆者は，沼上の言うところの「技術革新に関連する活動を行為システムとして記述する」ために，一企業の研究開発体制に関する内部者の視点を提供

することで貢献したい。再び地図のメタファーを用いるなら，その土地の生活者の実感や視点を提供しようとするものである。製造業における研究開発体制の一事例を記述するにあたり，以下の分析視角により特徴づける。

①内部の者の視点に立ち，経験やインタビューを通じて行為者の意図を記述する

②「一企業における研究開発体制の一事例」ではありながら，その研究部門が，特性が大きく異なる複数の事業領域を対象としていることに特に着目する

③内部の者でしか得られないデータを入手し，それらを用いて研究開発体制のデータを統計処理し，含意を探り出す

ここで，内部者（すなわち筆者）が開発体制を記述することの意義を，金井（1990）に依拠しながら整理してみる。

- サーベイではない → 「相対的客観性」に欠けるが，深いレベルの情報を得やすい
- エスノグラフィでない → 外部者の視点に欠けるが，内部者の理解には到達しやすい
- 臨床的方法に近い → 観察者としての主体性は揺らぐが，発見や考察の納得性は高まりやすい

ところで，加護野（1988a，1988b）や伊丹・加護野（1989）が示した「パラダイム転換」は，研究開発，あるいは新事業創出の要諦を示唆したものとして極めて有効であると筆者は理解（実感）している。一方で，藤本・安本（2000）らが唱える「成功する製品開発」は，筆者には実感が乏しく響くのだが，なぜだろう。単に，前者のほうが抽象度が高いからか，前者のほうが筆者がこだわる経営学研究の三条件に，より良く適合するからか。それとも本質的に異なったものを，筆者は比較してしまっているのだろうか。この点は今後の課題としたい。

結び

　思えば本書は，先輩エンジニアの独白を端緒として，ここまでやってきた。稿を閉じるにあたり，やはり先達の至言を借りることとしよう。

　数ある経営学書の中で出会った表現のうち，筆者にとって終生忘れ得ないものが2つある。

　「人間の問題が中心でなければ，経営学はものたりない」（金井, 1991, 序文, p. i ）

　「これまでの経営学者は『日常の理論』に対して冷淡であった」（加護野, 1988a, p. 3 ）

これらは著者たちの思いの自然な発露と思われ，また当時の経営学が向かったかもしれない方向違いのベクトルに対して，警鐘を鳴らすものであったのか。

　いや，これらの言葉が心に残った本当の理由は，筆者自身の境遇，すなわち実務家でありながら経営学を志すという自ら選んだ道の行く先を，この2つの短い文章こそがいつも照らし出してくれるに違いない，という思いだろう。

　今後も研究開発マネジメントというフィールドの上でキャリアを積み重ねていくという前提のもと，上で述べた経営学研究の条件や方法論などと並んで，人を中心とした，現場発の視点を持ち続けて行きたいと考えている。

参考文献

Aaker, D.A. (1991) *Managing Brand Equity,* FREE PRESS.

Abernathy, William J. & K. B. Clark (1985) "Innovation : Mapping the Winds of Creative Destruction," *Research Policy*, Vol.14, pp.3–22.

Allen, Thomas J., Michael L. Tushman, & Denis M. S. Lee (1979) "Technology Transfer as a Function of Position in the Spectrum from Research through Development to Technical Services," *Academy of Management Journal*, Vol.22, No.4, pp.694–708.

青島矢一 (1997)「新製品開発の視点」『ビジネスレビュー』、第45巻第1号, pp.161–179。

アーサーアンダーセンビジネスコンサルティング (2000)『持株会社─戦略と導入ステップ』東洋経済新報社。

Blanchard, Ken & J. Stoner (2003) *Full Steam Ahead*, Berrett-Koehler Publishers (田辺希久子訳『ザ・ビジョン』ダイヤモンド社, 2004)。

Brinkley, J. (1997) *Defining Vision : The Battle for the Future of Television*, Harcourt.

Brockhoff, Klaus (1998) *Forschung und Entwicklung*, R. Oldenbourg Verlag (栗山盛彦・森昭夫監訳, 中原秀登・武井敦夫訳『研究開発の経営戦略』千倉書房, 1994)。

蔡芒錫 (2002)「中間管理職のリーダーシップと研究業績」、石田英夫編『研究開発人材のマネジメント』慶應義塾大学出版, pp.79–97。

Christensen, C. M. (1997) *The Innovator's Dilemma : when new technologies cause great firms to fail*, Harvard Business School Press (伊豆原弓訳『イノベーションのジレンマ─技術革新が巨大企業を滅ぼすとき』翔泳社, 2001)。

Christensen, C. M., Stuart L. Hart, & Thomas Craig (2001) "The Great Disruption," *Foreign Affairs*, March-April, pp.80–95.

Christensen, C. M. & M. E. Raynor (2003) *The Innovator's Solution*, Harvard Business School Press (櫻井祐子訳『イノベーションへの解─利益ある成長に向けて』翔泳社, 2003)。

中馬宏之 (2004)「日本のサイエンス型企業が直面する複雑性と組織限界」『一橋ビジネスレビュー』, 第52巻第3号, pp.64–85。

コール, ロバート・E. (2004)「米国におけるMOTの進化─UCバークレーMOTプログラムでの経験を踏まえて」『一橋ビジネスレビュー』, 第51巻第4号, pp.28

−40。

Collins, James C. & Jerry I. Porras (1994) *Build to Last*, Harpercollins (山岡洋一訳『ビジョナリーカンパニー　時代を超える生存の法則』日経BP出版, 1995)。

Collins, James C. (2001) *Good to Great*, Harpercollins (山岡洋一訳『ビジョナリーカンパニー2　飛躍の法則』日経BP出版, 2001)。

Davidson, W.H. (1993) "Beyond Re-Engineering : The Three Phase of Business Transformation," *IBM System Journal*, Vol.32 No.1, pp. 65-79.

Deal, T.E. & A.A. Kennedy, (1983) *Corporate Cultures : The Rites and Rituals of Corporate Life*, Addison-Wesley (城山三郎訳『シンボリック・マネジャー』新潮社, 1987)。

Dertouzos, Michael L., Richard K. Lester, & Robert M. Solow (1989) *Made In America*, Harper Perennial.

圓川隆夫・安達俊行 (1997)『製品開発論』日科技連出版社。

Finan, W.F. & J. Frey (1994) *Japan's Crisis in Electronics : Failure of The Vision* (生駒俊明・栗原由紀子訳『日本の技術が危ない』日本経済新聞社, 1994)。

藤本隆宏 (1995)「自動車産業における効果的製品開発の論理—他産業への一般化は可能か」『ビジネス・インサイト』, 第3巻第3号, pp. 8-31。

藤本隆宏 (2000)「20世紀の日本型生産システム」『一橋ビジネスレビュー』, 第48巻第3号, pp. 66-81。

藤本隆宏 (2003)「組織能力と製品アーキテクチャ—下から見上げる戦略論」『組織科学』, 第36巻第4号, pp. 11-22。

藤本隆宏 (2005)「アーキテクチャの比較優位に関する一考察」RIETI (独立行政法人経済産業研究所) Discussion Paper Series 05-J-013 (http://www.rieti.go.jp/jp/publications/dp/05j013.pdf)

藤本隆宏 (2006)「組織能力と製品アーキテクチャ—下から見上げる戦略論」, 伊丹敬之・藤本隆宏・岡崎哲二・伊藤秀史・沼上幹編『戦略とイノベーション (リーディングス日本の企業システム　第Ⅱ期；第3巻)』有斐閣, pp. 303-356。

藤本隆宏・安本雅典 (2000)「効果的な製品開発の産業・製品分野間比較—到達点と今後の課題」, 藤本隆宏・安本雅典編著『成功する製品開発』有斐閣, pp. 307-328。

藤本隆宏・延岡健太郎 (2004)「日本の得意産業とは何か：アーキテクチャと組織能力の相性」RIETI (独立行政法人経済産業研究所) Discussion Paper Series 04-J-040。(http://www.rieti.go.jp/jp/publications/dp/04j040.pdf)

福島英司（2002）「デジタルカメラ産業の勃興家庭：電子スチルカメラ開発史」，米倉誠一郎編『現代経営学講座2　企業の発展』八千代出版，pp. 121-150。

古田健二（2001）『テクノロジーマネジメントの考え方・すすめ方』中央経済社。

Gabarro, J.J. & J. P. Kotter (1980) "Managing Your Boss," *Harvard Business Review*, Vol.56, No.1, pp. 92-100.

Geertz, C. (1973) *The Interpretation of Culture : Selected Essays*, Basic Books（吉田禎吾・柳川啓一・中牧弘允・板橋作美訳『文化の解釈学』岩波書店，1987）。

ガッチョウ，リチャード・A（2004）「キャリアとしてのMOT科学者から経営者への転身」『一橋ビジネスレビュー』，第51巻第4号，pp. 72-86。

後藤晃(2000)『イノベーションと日本経済』岩波書店。

Hara, T. (2003) *Innovation in the Pharmaceutical Industry : The Process of Drug Discovery and Development*, Edward Elgar.

原拓志（2003）「医薬品イノベーションの類型」『国民経済雑誌』，第187巻第2号，pp. 85-103。

原拓志（2004）「イノベーションと『説得』―医薬品の研究開発プロセス」『ビジネス・インサイト』，第12巻第1号，pp. 20-33。

原田勉（1998）「研究開発組織における3段階のコミュニケーション・フロー：ゲートキーパーからトランスフォーマーへ」『組織科学』，第32巻第2号，pp. 78-96。

橋本寿朗（1995）「〈大転換期〉の構造調整とＭＥ技術革命」，橋本寿朗編『20世紀資本主義Ⅰ：技術革新と生産システム』東京大学出版会，pp. 81-116。

橋本正洋（2004）「ＭＯＴのすすめ　産学連携による新たな人材育成に向けて」『一橋ビジネスレビュー』，第51巻第4号，pp. 42-53。

橋爪大三郎（1988）『はじめての構造主義』講談社。

Henderson, R. & K. B. Clark (1990) "Architectural Innovation : The Reconfiguration of Existing Product Technologies and the Future of Established Firms," *Administrative Science Quarterly*, Vol.35, No.1, pp.9-30.

Henderson, R. & I. Cockburn (1994) "Measuring Competence? Exploring Firm Effects in Pharmaceutical Research," *Strategic Management Journal*, No.15, pp.63-84.

開本浩矢（1998）「RD技術者に対して求められる複線型キャリア管理施策―専門職制度を中心に」，後藤幸男・中橋國蔵・山中雅夫・西村慶一編著『経営と会計のニューフロンティア』中央経済社，pp. 63-73。

Huff, D. (1968) *How to Lie with Statistics*, W W Norton & Co Inc.（高木秀玄訳『統

計でウソをつく法—数式を使わない統計学入門』講談社, 1968)。
伊地知寛博（2004）「日本のイノベーション・システム」『一橋ビジネスレビュー』, 第52巻第3号, pp. 36-51。
生駒俊明（2004）「企業価値を最大化するための技術経営」『一橋ビジネスレビュー』, 第51巻第4号, pp. 10-26。
今井賢一（1990）「情報・知識の相互作用とイノベーション」『ビジネスレビュー』, 第37巻第2号, pp. 18-29。
今野浩一郎（1993）『研究開発マネジメント入門』日本経済新聞社出版社。
石田英夫（2002）「日本企業の研究者の人材管理」, 石田英夫編『研究開発人材のマネジメント』慶應義塾大学出版会, pp. 3-28。
石井淳蔵（1993）『マーケティングの神話』日本経済新聞社。
石井淳蔵（1999）「競争的使用価値：その可能性の中心」, 石井淳蔵・石原武政編著『マーケティングダイアログ』白桃書房, pp. 191-211。
石井淳蔵（2003）「戦略の審級」『組織科学』, 第37巻第2号, pp. 17-25。
石井淳蔵（2006）「マーケティング・マネジメントの新地平」『ビジネス・インサイト』, 第14巻第2号, pp. 6-19。
石川淳（2002）「研究業績とコミュニケーション・パターン」, 石田英夫編『研究開発人材のマネジメント』慶應義塾大学出版会, pp. 99-115。
伊丹敬之（1986）「イノベーションにおける偶然と必然」, 今井賢一編著『イノベーションと組織』東洋経済新報社, pp. 33-72。
伊丹敬之（2001）『創造的論文の書き方』有斐閣。
伊丹敬之（2004）「よき経営者の姿」『一橋ビジネスレビュー』, 第52巻第5号, pp. 6-17。
伊丹敬之（2005）「トップ・マネジメントと企業の適応力」, 伊丹敬之・藤本隆宏・岡崎哲二・伊藤秀史・沼上幹編『企業とガバナンス（リーディングス日本の企業システム 第Ⅱ期；第2巻）』有斐閣, pp. 357-384。
伊丹敬之・加護野忠男（1989）『ゼミナール・経営学入門』日本経済新聞社。
Jick, T. D. (1979) "Mixing Qualitative and Quantitative Methods : Triangulation in Action," *Administrative Science Quarterly*, Vol.24, No.4, pp.602-611.
加護野忠男（1980）『経営組織の環境適応』白桃書房。
加護野忠男（1988a）『組織認識論』千倉書房。
加護野忠男（1988b）『企業のパラダイム変革』講談社。
加護野忠男（1989）「戦略創造の組織論」『組織科学』, 第23巻第1号, pp. 50-58。

加護野忠男（1997）『日本型経営の復権―「ものづくり」の精神がアジアを変える』PHP研究所。

加護野忠男（1999）『＜競争優位＞のシステム　事業戦略の静かな革命』PHP研究所。

加護野忠男（2002）「「合理性万能論」の経営者がはまる罠」『プレジデント』，第41巻第9号，2002，pp.157-159。

加護野忠男（2003）「組織の認識スタイルとしての環境決定論と主体的選択論」『組織科学』，第36巻第4号，pp.4-10。

加護野忠男（2004）「コア事業を持つ多角化戦略」『組織科学』，第37巻第3号，pp.4-10。

加護野忠男（2005）「企業統治と競争力」，伊丹敬之・藤本隆宏・岡崎哲二・伊藤秀史・沼上幹編『企業とガバナンス（リーディングス日本の企業システム　第Ⅱ期；第2巻）』有斐閣，pp.282-302。

加護野忠男・角田隆太郎・山田幸三・㈶関西生産性本部編（1998）『日本企業の経営革新』白桃書房。

加護野忠男・山田幸三・㈶関西生産性本部編（1999）『日本企業の新事業開発体制』有斐閣。

金井壽宏（1989）「経営組織論における臨床的アプローチと民俗誌的アプローチ」『国民経済雑誌』，第159巻第1号，pp.55-87。

金井壽宏（1990）「エスノグラフィーにもとづく比較ケース分析―定性的研究方法への一視角」『組織科学』，第24巻第1号，pp.46-59。

金井壽宏（1991）『変革型ミドルの探求』白桃書房。

金井壽宏（1993）『ニューウェーブ・マネジメント』創元社。

金井壽宏（1999）『経営組織』日本経済新聞社。

金井壽宏・米倉誠一郎・沼上幹（1994）『創造するミドル―生き方とキャリアを考えつづけるために』有斐閣。

金井壽宏・高橋俊介（2004）『部下を動かす人事戦略』PHP研究所。

Kanter, R.M.（1983）*The Change Masters : Innovation for Productivity in the American Corporations*, Simon & Shuster（長谷川慶太郎監訳『ザ・チェンジ・マスターズ』二見書房，1984）。

加藤俊彦（1997）「方法論的視座からみた技術革新研究の展開と課題」『ビジネスレビュー』，第45巻第1号，pp.188-194。

加藤俊彦（2002）「経営学における行為主体の自律性と外部環境：制度理論からの

検討」，米倉誠一郎編『現代経営学講座2　企業の発展』八千代出版, pp. 233-257。

加藤俊彦（2006）「技術システムの構造化理論―技術研究の前提の再検討」，伊丹敬之・藤本隆宏・岡崎哲二・伊藤秀史・沼上幹編『企業とガバナンス（リーディングス日本の企業システム　第Ⅱ期；第3巻）』有斐閣, pp. 357-380。

経済産業省（2003）『技術経営のすすめ』（技術環境局大学連携推進課配布小冊子），（この資料の2005年改訂版は以下のURLから入手可能　http://www.meti.go.jp/policy/innovation-corp/mot/0403motnew2007/motpampflet.pdf）

Kim, W. Chan & R. Mauborgne（2005）*Blue Ocean Strategy*, Harvard business school press（有賀裕子訳『ブルー・オーシャン戦略：競争のない世界を創造する』ランダムハウス講談社, 2005）。

Klein, S.J.（1985）"Innovation is not a Linear Process," *Research Management*, Vol.28, No.4, July-August, pp.36-45.

Klein, S.J. & N. Rosenberg（1986）"An Overview of Innovation," in R. Landau & N. Rosenberg（eds.）, *Positive Sum Strategy*, National Academy Press, pp.275-305.

児玉文雄（1991）『ハイテク技術のパラダイム：マクロ技術学の体系』中央公論社。

國部克彦（1999）『社会と環境の会計学』中央経済社。

Kotler, J. P.（1991）*Marketing Management*（*7th ed.*）, Prentice Hall.

Kotter, J. P.（1978）*Organization Dynamics*, Addison-Wesley（加護野忠男・谷光太郎訳『組織革新の理論』白桃書房, 1987）。

Kotter, J. P.（1996）*Leading Change*, Client Distribution Services（梅津祐良訳『企業変革力』日経BP社, 2002）。

Kotter, J. P. & Dan S. Cohen（2002）*The Heart of Change: Real-Life Stories of How People Change Their Organizations*, Client Distribution Services（高遠裕子訳『ジョン・コッターの企業変革ノート』日経BP社, 2003）。

香山晋（2004）「半導体産業に見る技術革新と技術経営」『一橋ビジネスレビュー』，第51巻第4号, pp. 54-70。

Kuhn, T. S.（1962）*The Structure of Science Revolutions*, The University of Chicago（中山茂訳『科学革命の構造』みすず書房, 1971）。

Kunda, G.（2005）*Engineering Culture － Control and Commitment in a High-Tech Corporation*, Temple University Press（金井壽宏解説・監修樫村志保訳『洗脳するマネジメント　企業文化を操作せよ』日経BP社, 2005）。

久米是志（2002）『「無分別」のすすめ：創出をみちびく知恵』岩波書店。

楠木建（1996）「日本企業の組織能力と製品開発パフォーマンス」『ビジネスレビュー』，第43巻第4号，pp. 23-46。

楠木建（1998 a）「イノベーションを支える人々」『日本労働研究雑誌』，第458巻，pp. 12-24。

楠木建（1998b）「機能マネージャーと製品マネージャー：イノベーション管理者の比較分析」『ビジネスレビュー』，第45巻第3号，pp. 17-37。

楠木建・野中郁次郎・永田晃也（1995）「日本企業の製品開発における組織能力」『組織科学』，第29巻第1号，pp. 92-108。

Kusunoki, Ken & Tsuyoshi Numagami (1997) "Intrafirm Transfers of Engineers in Japan," in Goto, Akira. & Hiroyuki Odagiri (eds.), *Innovation in Japan*, pp.173-203, Oxford University Press.

Kusunoki, Ken & Tsuyoshi Numagami. (1998) "Interfunctional Transfers of Engineers in Japan: Empirical Findings and Implications for Cross Sectional Integration." *IEEE Transactions on Engineering Management*, Vol.45, No.3, pp.250-262.

桑嶋健一（1999）「医薬品の研究開発プロセスにおける組織能力」『組織科学』，第33巻第2号，pp. 88-104。

桑嶋健一（2000）「医薬品の製品開発」，藤本隆宏・安本雅典編著『成功する製品開発』有斐閣，pp. 105-128。

Latour, B. (1988) *Science in Action*, Harvard University Press（川崎勝・高田紀代志訳『科学が作られているとき：人類学的考察』産業図書，1999）。

Levitt, T. (1960) "Marketing Myopia," *Harvard Business Review*, July-August, pp.45-56.

Leifer,R., C.M.McDermott, G.C.O'Connor, L.S.Peters, M.P.Rice, & R.W.Veryzer-Radical (2000) *Innovation: How Mature Companies Can Outsmart Upstarts*, Harvard Business School Press.

Likert, R. (1961) *New Patterns of Management*, McGraw-Hill（三隅二不二訳『経営の行動科学』ダイヤモンド社，1964）。

Lodge, George C. & Ezra F. Vogel (1987) *Ideology and National Competitiveness*, Harvard Business School Press.

March, J. G. & H. A. Simon (1958) *Organizations*, John Wiley & Sons（土屋守章訳『オーガニゼーションズ』ダイヤモンド社，1977）。

Mayo, E. (1933) *The Human Problems of an Individual Civilization*, Routledge &

Kegan Paul（村本栄一訳『産業文明における人間問題―ホーソン実験とその展開』日本能率協会, 1951）。

McGregor, D. M.（1957）"The Human Side of Enterprise," *Proceedings of 5th Anniversary Convention at the MIT Sloan School*.

Marton, R. K.（1949）*Social Theory and Social Structure*. Free Press（森東吾他訳『社会理論と社会構造』みすず書房, 1961）

南知恵子（1996）「消費者行動研究における定性的アプローチの可能性と問題点」『消費者行動研究』, 第4巻第1号, pp. 1-13。

Mintzberg, H.（1975）"The Manager's Job: Folklore and Fact," *Harvard Business Review*, Vol.53, No.4, pp.49-61.

三品和広（2002a）「企業戦略の不全症」『一橋ビジネスレビュー』, 第50巻第1号, pp. 6-23。

三品和広（2002b）「日本型企業モデルにおける戦略不全の構図」『組織科学』, 第35巻第4号, pp. 8-19。

三品和広（2004a）『戦略不全の論理：慢性的な低収益の病からどう抜け出すか』東洋経済新報社。

三品和広（2004b）「専門経営者の帝王学」『一橋ビジネスレビュー』, 第52巻第5号, pp. 64-77。

三品和広（2005a）「経営者の解剖学的構造論」『ビジネス・インサイト』, 第13巻第2号, pp. 32-43。

三品和広（2005b）「企業戦略の不全症」, 伊丹敬之・藤本隆宏・岡崎哲二・伊藤秀史・沼上幹編『企業とガバナンス（リーディングス日本の企業システム 第Ⅱ期；第2巻）』有斐閣, pp. 328-356。

見田宗介（2006）『社会学入門―人間と社会の未来』岩波書店。

三矢裕（2002）「管理会計システムの導入研究の方法論：トライアンギュレーションとアクションリサーチの有効性」『会計』, 第161巻第5号, pp. 96-109。

守島基博（2002）「研究者の業績と企業の人的資源管理」, 石田英夫編『研究開発人材のマネジメント』慶應義塾大学出版会, pp. 49-62。

宗像正幸・坂本清・貫隆夫編著（2000）『現代生産システム論 再構築への新展開』ミネルヴァ書房。

村上路一（1999）「危機意識から生まれたイノベーション・マネージメント」『Works』リクルート, 1999年12月・2000年1月号, pp. 10-13。

村上由紀子（2002）「研究者のキャリアと研究成果」, 石田英夫編『研究開発人材

のマネジメント』慶應義塾大学出版会, pp. 3-28。

武藤泰明（1997）『すぐわかる持ち株会社のすべて―日本の企業経営はこう変わる』日本経済新聞社。

難波江和英・内田樹（2004）『現代思想のパフォーマンス』光文社。

永野仁（2002）「研究成果と報酬」, 石田英夫編『研究開発人材のマネジメント』慶應義塾大学出版会, pp. 117-131。

新原浩朗（2003）『日本の優秀企業研究―企業経営の原点６つの条件』日本経済新聞社。

Nisbett, R. E. (2003) *The Geography of Thoughts*, Free Press（村本由紀子訳『木を見る西洋人　森を見る東洋人』ダイヤモンド社, 2004）。

西沢脩（2003）『研究開発の会計と管理―知的財産時代のR&D管理』白桃書房。

丹羽清（2004）「技術経営による企業革新」『経営システム』, 第14巻第１号, pp. 33-37。

Nonaka, I. & H. Takeuchi (1995) *The Knowledge Creating Company: How Japanese Companies Create the Dynamics of Innovation*. Oxford University Press（梅本勝博訳『知識創造企業』東洋経済新報社, 1996）。

野中郁次郎・加護野忠男・小松陽一・奥村昭博・坂下昭宣（1978）『組織現象の理論と測定』千倉書房。

延岡健太郎（2002a）『製品開発の知識』日本経済新聞社。

延岡健太郎（2002b）「日本企業の戦略的意思決定能力と競争力」『一橋ビジネスレビュー』, 第50巻第１号, pp. 24-38。

延岡健太郎（2005）「デジタル家電における日本の競争力―安定型と変動型のモジュラー型製品」『ビジネス・インサイト』, 第13巻第３号, pp. 8-19。

延岡健太郎（2006）『MOT［技術経営］入門』日本経済新聞社。

延岡健太郎・藤本隆宏（2004）「製品開発の組織能力：日本自動車企業の国際競争力」RIETI（独立行政法人経済産業研究所）Discussion Paper Series 04-J-039。(http://www.rieti.go.jp/jp/publications/dp/04j040.pdf)

延岡健太郎・上野正樹（2005）「中国企業の情報家電における競争力：モジュラー型製品開発における組み合わせ能力の限界」神戸大学経済経営研究所ディスカッションペーパーJ66。

延岡健太郎・田中一弘（2005）「トップ・マネジメントの戦略的意思決定能力」, 伊丹敬之・藤本隆宏・岡崎哲二・伊藤秀史・沼上幹編『企業とガバナンス（リーディングス日本の企業システム　第Ⅱ期；第２巻』有斐閣, pp. 303-327。

沼上幹（1989）「市場と技術と構想」『組織科学』, 第23巻第1号, pp.59–69。
沼上幹（1992）「認知モデルとしての技術」『ビジネスレビュー』, 第40巻第2号, pp.50–65。
沼上幹（1995a）「個別事例研究の妥当性について」『ビジネスレビュー』, 第42巻第3号, pp.55–70。
沼上幹（1995b）「間接経営戦略への招待」『ビジネス・インサイト』1995年秋。
沼上幹（1995c）「経営学におけるマクロ現象法則確立の可能性：個別事例研究の科学としての経営学に向って」『組織科学』, 第28巻第3号, pp.85–99。
沼上幹（1999）『液晶ディスプレイの技術革新史』白桃書房。
沼上幹（2000a）『行為の経営学』白桃書房。
沼上幹（2000b）「われらが内なる実証主義バイアス」『組織科学』, 第33巻第4号, pp.32–44。
沼上幹（2003a）『組織戦略の考え方』筑摩書房。
沼上幹（2003b）「組織現象における因果的連関・信念・反省的学習：組織の分権化を題材として」『組織科学』, 第37巻第2号, pp.4–16。
沼上幹（2006a）「1990年代の経営戦略論」, 伊丹敬之・藤本隆宏・岡崎哲二・伊藤秀史・沼上幹編『戦略とイノベーション（リーディングス日本の企業システム　第Ⅱ期；第3巻）』有斐閣, pp.1–17。
沼上幹（2006b）「経営学研究における不変法則探求の可能性：事例研究擁護のための反省的対話」, 伊丹敬之・藤本隆宏・岡崎哲二・伊藤秀史・沼上幹編『企業と環境　（リーディングス日本の企業システム　第Ⅱ期；第5巻）』有斐閣, pp.211–245。
小髙久仁子（2001）『グローバル企業における戦略的決定のプロセスの研究』神戸大学大学院経営学研究科博士論文。
小河光生（2001）『分社経営―最適組織はカンパニー制か持ち株会社か』ダイヤモンド社。
奥林康司（2002）『働きやすい組織』日本労働研究機構。
奥林康司編著（2003）『入門　人的資源管理』中央経済社。
奥林康司・庄村長・竹林明・森田雅也・上林憲雄（1994）『柔構造組織パラダイム序説―新世代の日本的経営』文眞堂。
奥林康司・平野光俊編著（2004）『フラット型組織の人事制度』中央経済社。
小笠原敦・松本陽一（2005）「イノベーションの展開と利益獲得方法の多様化」『組織科学』, 第39巻第2号, pp.26–36。

Organisation for Economic Co-operation and Development (2002) *The measurement of scientific and technological activities : Proposed Standard Practice for Surveys on Research and Experimental Development : Frascati manual 2002* OECD.

Peters, T.J. & R.H. Waterman (1982) *In Search of Excellence*, Random House (大前研一訳『エクセレント・カンパニー』講談社, 1983)。

Roberts, R.M. (1989) *Serendipity - Accidental Discoveries in Science* (安藤喬志訳『セレンディピティー──思いがけない発見・発明のドラマ』化学同人, 1993)。

Rosenbloom, R.S. & W.J. Spencer (1996) *Engines of Innovation*, Harvard Business School Press (西村吉雄訳,『中央研究所の時代の終焉』日経BP社, 1998)。

三枝匡 (2001)『V字回復の経営』日本経済新聞社。

佐伯胖・松原望編集 (2000)『実践としての統計学』東京大学出版会。

榊原清則 (1993)『日本企業の研究開発マネジメント："組織内同形化"とその超克』千倉書房。

榊原清則 (1996)「製品イノベーションと新しい企業像─Architectural Capacityの理論」『ビジネスレビュー』, 第43巻第4号, pp. 1-22。

榊原清則 (2000)「日本の産学連携と知識生産システム」『組織科学』, 第34巻第1号, pp. 45-53。

榊原清則 (2003a)「日本経済のパフォーマンス低下に企業はどう関わったか」『一橋ビジネスレビュー』, 第51巻第2号, pp. 8-19。

榊原清則 (2003b)「展望論文：日本の技術経営」技術革新型企業創生プロジェクト Discussion Paper Series #3-01。

榊原清則 (2005)『イノベーションの収益化─技術経営の課題と分析』有斐閣。

榊原清則・D.E. Westney (1990)「技術戦略の新展開と技術マネジメント」『ビジネスレビュー』, 第37巻第2号, pp. 51-63。

Sakakibara, K. & D. E. Westney (1985) "Comparative Study of the Training, Careers, and Organization of Engineers in the Computer Industry in the United States and Japan", *Hitotsubashi Journal of Commerce and Management*, Vol.20, No.1, pp.1-20.

坂本雅明 (2004)「東芝 二次電池市場における事業家への挑戦と撤退」『一橋ビジネスレビュー』, 第52巻第2号, pp. 132-151。

坂下昭宣 (1985)『組織行動研究』白桃書房。

坂下昭宣 (2000)『経営学への招待』(改訂版) 白桃書房。

坂下昭宣 (2002)『組織シンボリズム論』白桃書房。

坂下昭宣（2003）「『意味の組織論』としての組織シンボリズム論」『組織科学』, 第37巻第2号, pp. 39-48。
坂下昭宣（2004）「エスノグラフィー・ケーススタディ・サーベイリサーチ」『国民経済雑誌』, 第190巻第2号, pp. 19-30。
佐藤郁哉（1992）『フィールドワーク――書を持って街に出よう』新曜社。
Schein, E.H.（1985）*Organizational Culture and Leadership*, Jossey-Bass（清水紀彦・浜田幸雄訳『組織文化とリーダーシップ』ダイヤモンド社, 1989）。
Scheuing, Eberhard E.（1989）*New Product Management*, MERRILL。
Scott-Morgan, P.（1994）*The Unwritten Rules of the Game*, McGraw-Hill（三沢一文訳『会社の不文律』ダイヤモンド社, 1995）。
Simon, H. A.（1976）*Administrative Behavior*, The Free Press（松田武彦・高柳暁・二村敏子訳『経営行動』ダイヤモンド社, 1989）。
下野由貴（2005）「サプライチェーンにおける利益・リスク分配：トヨタグループと日産グループの比較」『組織科学』, 第39巻第2号, pp. 67-81。
新宅純二郎（2005）「アーキテクチャ分析に基づく日本企業の競争戦略」『JEITA Review』2005年11月号, pp. 8-13。
Smircich, L.（1983）"Organizations as Shared Meanings," in L. R. Pondy, P. J. Frost, G. Morgan & T. C. Dandridge（eds.）, *Organizational Symbolism*, JAI Press, pp.55-65.
杉本良夫・ロス・マオア（1982）『日本人は日本的か――特殊論を超え多元的分析へ』東洋経済新報社。
椙山泰生（2005）「技術を導くビジネス・アイデア――コーポレートR＆Dにおける技術的成果はどのように向上するか」『組織科学』, 第39巻第2号, pp. 52-66。
Taguchi. Genichi. & Don Clausing（1990）"Robust Quality," *Harvard Business Review*, January-February.
田路則子・月岡亮・藤井博・藤村修三（2004）「研究開発専門職のキャリア志向性の再検討」技術革新型企業創生プロジェクト Discussion Paper Series #4-10年。
竹村正明（2001）「現代的な製品開発論の展開」『組織科学』, 第35巻第2号, pp. 4-15。
竹内薫（2006）『99.9％は仮説』光文社。
谷岡一郎（2000）「『社会調査』のウソ――リサーチ・リテラシーのすすめ」文藝春秋。
Taylor, F.W.（1911）*The Principles of Scientific Management*, Norton（上野一郎訳・編『科学的管理法』産業能率短期大学出版部, 1969）。

Thompson, J. D. (1956) "On Building an Administrative Science," *Administrative Science Quarterly*, Vol.1, No.1, pp.102–111.

Tushman, M. L. & P. Anderson (1986) "Techinical Discontinuities and Organizational Environments," *Administrative Science Quarterly*, Vol.31, No.3, pp.439–465.

Utterback, J.M. & William J. Abernathy (1975) "A Dynamic Model of Product and Process Innovation," *Omega*, Vol.3, No6, pp.639-656.

和田肇・春日義之（1995）「最近のわが国企業の研究開発動向―高度な技術立国となるために」『調査』日本開発銀行第204号。

渡邊二郎（1994）『構造と解釈』筑摩書房。

Wheelwright, S.C. & J.W. Earl Sasser (1989) "The New Product Development Map," *Harvard Business Review*, May-June, pp.112–125.

Wheelwright, S. C. & K.B. Clark, (1992a) *Revolutionizing Product Development*, Free Press.

Wheelwright, S. C. & K.B. Clark, (1992b) "Creating Project Plans to Focus Products Development," *Harvard Business Review*, March-April, pp.70–82.

薬師寺泰蔵（1989）『テクノヘゲモニー―国は技術で興り，滅びる』中央公論社。

薬師寺泰蔵（1990）「技術の国際関係―テクノヘゲモニーから見た日本の技術」『ビジネスレビュー』，第37巻第2号, pp.41-50。

山口栄一（2004）「青色LED『200億円判決』の決定的な誤り―リスク・チャレンジからのリターンを発明の対価と混同してはならない」技術革新型企業創生プロジェクト Discussion Paper Series #4-02。

山口栄一・水上慎士・藤村修三（2000）「技術創造の社会的条件」『組織科学』，第34巻第1号, pp.30-44。

山崎恒義（1991）「創薬の発想と戦略」 日本薬学会ファルマシアレビュー編集委員会編『薬の開発―戦略と手順』ファルマシアレビュー, 第29号, pp.1-13。

Yin, Robert K. (1993) *Case Study Research : Design and Methods*, Sage（近藤公彦訳『ケース・スタディの方法』千倉書房, 1996）。

米倉誠一郎（2002）「経営史学の方法論：逸脱・不規則性・主観―イノベーション研究宣言」，米倉誠一郎編『現代経営学講座2　企業の発展』八千代出版, pp.1-15。

米山茂美・加藤俊彦（2002）「インクジェット技術の事業化プロセス：技術の多義性と応用研究の展開性」，米倉誠一郎編『現代経営学講座2　企業の発展』八

千代出版, pp. 95-120。
好井裕明（2006）『「あたりまえ」を疑う社会学　質的調査のセンス』光文社。
吉川弘之監修／日本インダストリー・パフォーマンス委員会編（1994）『メイド・イン・ジャパン—日本製造業変革への指針』ダイヤモンド社。
吉原英樹（2005）「経営者が育つ経営」『ビジネス・インサイト』, 第13巻第2号, pp. 8-17。
義村敦子（2002）「研究成果の規定要因としての職務関与と組織コミットメント」, 石田英夫編『研究開発人材のマネジメント』慶應義塾大学出版会, pp. 63-78。

事項索引

あ行

青色LED　44,45
アーキテクチュラル・イノベーション　31
アメリカン・フットボールアプローチ　148
一般理論　168
インクリメンタル・イノベーション　22,31,55,119–122
インプリケーション　3,21,29,37,115,149,155,161,167
演繹　86,87,164
応用研究　17–20,42,55,90
オーバーラッピング・フェーズ・アプローチ　141
オーバーラップ型開発　141

か行

解釈主義　168
開発　16,17,20,55
開発研究　16,17,55,144
開発段階　26,27
科学技術研究調査報告　15,19,156
科学技術白書　15
化学と物理　83
機器システム　147
機器システムの研究　146
技術観　36,37,54,69,78,85,86,88–90,107,118,123,161,162,166
技術系　72,74,118,162
技術経営　158,159
技術系の技術観　85
技術・商品の革新　28
技術・製品の軸　28
技術的先行性　93–97,100–102,162
技術的不確実性　93–96,100–102,162
技術的不連続　29
擬セレンディピティ　56,137
基礎研究　17,20,42,55,90,143,144
帰納　86,87,164
機能主義　168
帰納と演繹　86
決まった未来　144
結果不確実性　159
原因不確実性　159
研究　17,19,55
研究開発　15

研究開発効率　155,156
研究開発の分類　16
研究開発本部　8,61
行為のシステム　168
コーポレートR&D　140,141

さ行

材料研究　146,147
材料屋　146
サブシステム　31
産業　32
ジグゾーパズル　7,41,42,64
市場・顧客の革新　28
市場・顧客の軸　28
システム型　32
持続的技術　37
事務系　72,74,118,162,166
事務系の技術観　82
ジャッジメント　3,78,79,81,84,85,100,127,154,161,162
ジャパニティー　57,58
修飾的イノベーション　29
順送り型　140,145,146,151,163
数値的目標　93–97,100–102,162
成果　56
製品開発　42
セレンディピティ　42,56,105,129,130,151,159,163
線形モデル　139
総務省の定義　49
即応型　35,36,90,101,150,163
素材型　32
組織横断型　141,146,151,163

た行

第1種のバイアス　106,109,111,114,118,119,121,152
第2種のバイアス　110,112,113,118,119,122,152
探索段階　26,27
知恵の輪　7,41,42,64
蓄積型　35,36,90,101,150,151,163
中央研究所　8,140,144
中範囲の理論　168
ディビジョンR&D　8,140,141
適用領域イノベーション　29

投資　55
特殊理論　168
特許性　87,88

な行

ニッチ創造的　28
能力増強型　29
能力破壊型　29
能力破壊型技術　37

は行

破壊的技術　37
パラダイム　29,59,168,171
パラダイム的イノベーション　29
反省的思考法　167
反省的実践家　167,168
非技術的要素　93-97,100-102,162
フラスカティ・マニュアル　16
ブレークスルー　56
ブレークスルー依存型　7
プロジェクト　61-64,132-134
プロセス・イノベーション　29,30
プロダクト・イノベーション　29,30
フロンティア型開発　33,34
変数のシステム　168
本書における研究と開発の定義　20

ま行

マネジメント　3,78,79,123,124,127,134,145,149,152,154,161
メカ・電気屋　146
モジュール・イノベーション　31

や行

要素技術　31
予測不能性　93-97,100-102,162

ら行

ラグビーアプローチ　147,148
ラディカル・イノベーション　22,31,55,119-123
リサーチ・クエスチョン　3,4,21,161,166
リスク　55
リスク分散　136
リソース　55
リソース投入型　7
リニア・モデル　139-143,145,146,151
リレーアプローチ　147,148
ルーティン型開発　33,34
連鎖モデル　142

欧文

Applied Research　17
Basic Research　17
Breakthrough Dependent型技術課題　7,64
disruptive technology　37
Experimental Development　17
J型　7
J型/L型の変換可能性　135,138
L型　7
MOT　58,164
M型　32
OECD　16
R&D　15
Resource Allocation型技術課題　7,64
serendipity　42,56
S型　32

188

人名索引

あ行

安達俊行　24
アルキメデス　83
石井淳蔵　168, 169
石田英夫　12
伊丹敬之　59, 145-147, 168, 171
今井賢一　138, 141, 142
圓川隆夫　24

か行

加護野忠男　59, 168, 171, 172
春日義之　156
金井壽宏　35, 150, 171, 172
楠木建　32
桑嶋健一　26, 159, 160
児玉文雄　156
後藤晃　156

さ行

榊原清則　155, 156
坂下昭宣　168

な行

ニュートン　83
沼上幹　167-170
延岡健太郎　28, 31, 157

は行

原拓志　29
藤本隆宏　58, 141, 149, 169-171

ま行

松井好　57
三品和宏　158
村上路一　155, 156

や行

安本雅典　141, 170, 171
山口栄一　143-145
山崎恒義　57
吉川弘之　57, 58

わ行

和田肇　156

欧文

Abernathy, W. J.　28, 59
Allen, T. J.　24
Anderson, P.　29, 37, 39

Brockhoff, K.　16

Christensen, C. M.　30, 37-39
Clark, K. B.　24, 28, 31, 32, 59

Hara, T.　138, 139, 145
Henderson, R.　31, 32

Klein, S. J.　142, 143
Kusunoki, K.　12

Leifer, R.　22

Merton, R. K.　168

Nonaka, I.　59, 147, 148
Numagami, T.　12

Raynor, M. E.　39
Roberts, A. M.　56
Rosenberg, N.　142, 143
Rosenbloom, R. S.　18

Sakakibara, K.　12
Spencer, W. J.　18

Takeuchi, H.　59, 147, 148
Tushman, M. L.　29, 37, 39

Utterback, J. M.　59

Westney, D. E.　12
Wheelwright, S. C.　24

■ 著者紹介

前川佳一（まえがわ　よしかず）
京都大学経営管理大学院特定准教授
研究分野　イノベーション，サービス価値創造
大阪市生まれ
1982年　京都大学工学部冶金学科卒業
1995年　企業派遣によりボストン大学経営大学院修了：MBA
2007年　神戸大学大学院経営学研究科博士課程後期修了：博士（経営学）
2008年3月まで，総合家電メーカーにてデジタル機器の技術企画，事業企画に従事
2008年4月より現職

著書・論文
「第9章　モバイル技術による価値創造」『1 からのサービス経営』碩学舎，2010年（分担執筆）．"Sustainability and Scalability in Japanese Creative Services," in *Global Perspective on Service Science*, Springer．（近刊予定）（共著）．「技術転換期における中央研究所と事業部の連携に関する研究」『日本経営学会誌』第30号，2012年（共著）．「知の伝達の成否─技術情報の事例」『ナレッジ・マネジメント研究年報』第10号，2011年3月．「文理融合の知識を活用した『サービス価値創造プログラム』の開発」『人工知能学会誌』Vol. 25, No. 3，2010年5月（共著）．「フィールドワークの事業化─富士通におけるサービスビジネスへの転換」『組織科学』第42巻第4号，2009年（共著）．"Japanese Retro-modern Engines of Innovation," *The Kyoto Economic Review*, Vol. 77, No.2, 2008（共著）．

■ パズル理論（りろん）
　　意思決定にみるジグソーパズル型と知恵の輪型

■ 発行日──2013年5月6日　　初版発行　　　　〈検印省略〉

■ 著　者──前川佳一（まえがわよしかず）
■ 発行者──大矢栄一郎（おおやえいいちろう）
■ 発行所──株式会社　白桃書房（はくとうしょぼう）
　〒101-0021　東京都千代田区外神田 5-1-15
　☎03-3836-4781　📠03-3836-9370　振替00100-4-20192
　http://www.hakutou.co.jp/

■ 印刷・製本──亜細亜印刷株式会社

Ⓒ　Yoshikazu Maegawa　2013　　Printed in Japan
ISBN 978-4-561-26613-6 C3034

本書のコピー，スキャン，デジタル化等の無断複製は著作権法上での例外を除き禁じられています。本書を代行業者等の第三者に依頼してスキャンやデジタル化することは，たとえ個人や家庭内の利用であっても著作権法上認められておりません。

JCOPY〈㈳出版者著作権管理機構　委託出版物〉
本書の無断複写は著作権法上での例外を除き禁じられています。複写される場合は，そのつど事前に，㈳出版者著作権管理機構（電話 03-3513-6969，FAX 03-3513-6979, e-mail : info@jcopy.or.jp）の許諾を得てください。
落丁本・乱丁本はおとりかえいたします。

好評著

山田　幸三著
新規事業開発の戦略と組織　　　　　　　　本体価格 2800 円
　―プロトタイプの構築とドメインの変革

喜田　昌樹著
組織革新の認知的研究　　　　　　　　　　本体価格 4000 円
　―認知変化・知識の可視化と組織科学へのテキストマイニングの導入

関本　浩矢・和多田　理恵著
クリエイティビティ・マネジメント　　　　本体価格 3500 円
　―創造性研究とその系譜

河野　豊弘著
研究開発における創造性　　　　　　　　　本体価格 2500 円

石井　正道著
非連続イノベーションの戦略的マネジメント　本体価格 2800 円

M. H. ベイザーマン・D. A. ムーア著／長瀬　勝彦訳
行動意思決定論　　　　　　　　　　　　　本体価格 3800 円
　―バイアスの罠

――――――――― 東京　白桃書房　神田 ―――――――――
本広告の価格は本体価格です。別途消費税が加算されます。